新时代

高校科研人才培养与创新

胡黄　著

南海出版公司

2023 · 海口

图书在版编目（CIP）数据

新时代高校科研人才培养与创新 / 胡黄著. -- 海口：南海出版公司，2023.4
ISBN 978-7-5735-0347-3

Ⅰ. ①新… Ⅱ. ①胡… Ⅲ. ①高等学校－科学研究－人才培养－研究－中国 Ⅳ. ① G644 ② G322

中国版本图书馆 CIP 数据核字（2022）第 196975 号

XIN SHIDAI GAOXIAO KEYAN RENCAI PEIYANG YU CHUANGXIN
新时代高校科研人才培养与创新

作　　者　胡　黄
责任编辑　何怡欣
出版发行　南海出版公司　电话：（0898）66568511（出版）
（0898）65350227（发行）
社　　址　海南省海口市海秀中路51号星华大厦5楼　邮编：570206
电子信箱　nhpublishing@163.com
经　　销　新华书店
印　　刷　三河市明华印务有限公司
开　　本　710 毫米 × 1000 毫米　1/16
印　　张　12.375
字　　数　139千
版　　次　2023年4月第1版　2023年4月第1次印刷
书　　号　ISBN 978-7-5735-0347-3
定　　价　62.00 元

序

李三福

现在大家都在讨论高校科研人才培养与创新的问题。为什么这个问题如此重要？高校科研人才培养与创新的意义在哪里？我想可以从以下几个方面来分析。

高校科研人才培养与创新是新时代的要求。当前科学技术迅猛发展，经济全球化带来的国际竞争日益激烈。这种竞争，说到底是综合国力的竞争，人才的竞争。要在这场竞争中赢得胜利，就必须培养有创新精神和创新能力的人才。

高校科研人才培养与创新是高校改革的需要。我国自改革开放以来，高校取得了举世瞩目的成绩。但问题仍然很多，如科研资金的不足、科研发展不均衡、科研人才负担太重、科研工作推行步履维艰，等等。这是高校发展必然遇到的问题，但不解决，我国的高校就难以进步。而解决的出路就在于创新，科研观念要创新、科研制度要创新、科研内容和方法要创新，还包括科研开发、制造、运用、发展等方面要创新。

高校科研人才培养与创新是人才成长的需要。教育的目的是促进人的发展。创新是人类固有的，人类社会就是在不断创新中发展起来的。但是陈腐的教育思想的束缚，使科研人才创新的天性被压抑。高校科研人才培养与创新就是要发扬科研人才的创新的天性，使科研人才在脑力和体力方面得到充分全面地发展。

怎样才能做到高校科研人才培养与创新？这就要学习。教师要学习，校长要学习，科研人才更要学习。首先要学习马克思主义、毛泽东思想、邓小平理论、“三个代表”、“科学发展观”和习近平新时代中国特色社会主义思想，树立辩证唯物主义的思想方法。其次要学习先进的教育理论、科学理论，树立正确的符合时代的教育观念，掌握先进的教育方法和科研方法。这种学习不是教条的，而是要与教育和科研实际相联系，解决教育和科研中的实际问题。特别是教师的学习，要提倡在本职岗位上学习，用先进的理论对照自己的教育和科研行为，反思自己，提高认识，改进工作。在教育和科研创新理论与实践的现有基础上，认真研究我国教育和科研事业改革与发展中重大理论性、现实性、综合性、实践性问题，深入探索新时代高校科研人才培养与创新的规律。

我有三句话：“教育和科研的发展在于改革，教育和科研的改革在于创新，教育和科研的创新在于学习。”

马克思主义关于人的全面发展学说应该是高校科研人才培养与

创新研究的哲学基础。马克思在对人的本质的分析中，指出人具有主动性、自主性、社会性以及高度创造等基本属性，其中主体性是人的本质的最高表现，而创造性是主体性的最高层次，是全面发展人的根本特征和最高目标。这一论述为教育和科研应充分尊重人的主体性，充分开发人的创造力奠定了基础。

创造力理论与现代教学理论是高校科研人才培养与创新研究的基础。在以往进行的创造力理论研究的基础上，许多专家学者通过实验研究，提出了一些关于创造力的新认识、新理论，如创造的各种构成模式、创造力认知成分理论、创造思维品质开发理论等，这些研究成果为高校科研人才培养与创新奠定了重要的理论基础。同时，一些符合高校科研人才培养与创新价值取向的现代教学理论，诸如建构主义学习论、主体教学论、活动教学论，也为高校科研人才培养与创新研究所借鉴。

我国现行的一些法律、法规、文件是高校科研人才培养与创新的现实依据。我国现行了一系列法律、法规、文件，如《中共中央关于教育体制改革的决定》、《中国教育改革与发展纲要》、《深化教育改革，全面推进素质教育》等，提出了许多有关教育创新的思想和策略，是进一步研究高校科研人才培养与创新的理论和政策依据。

面向新时代，我们必须要树立六种人才理念，即："第一资源"理念、"质量"理念、"全面素质"理念、"创新"理念、"层次"理念、"可持续发展"理念。而我们所培养的科研人才必须具备九种素质和能力。一是终身学习和创新、创业的精神和能力；二是宽广的知识视野和较强的交际能力；三是复合型的知识结构和扎实的专业知识及技能；四是和谐合作、协调发展的团队精神；五是敢于竞争、善于竞争的意识和能力；六是迅速获取并利用信息的能力；七是开拓并驾驭市场的能力；八是科学研究的能力；九是开发、制造、服务、发展的能力。

尽管世界各地对教育和科研创新的提法不同，但追求的目标和价值取向是一致或相近的，即：不仅是对教育和科研方法的改革或教育和科研内容的增减，还是教育和科研功能上的重新定位，是带有全局性、结构性的教育和科研革新教育科研发展的价值追求的。主要包括教育和科研观念创新、教育和科研思想创新、教育和科研理论创新、教育和科研体制创新、教育和科研模式创新、教育和科研手段创新、教育和科研实验开发制造创新、教育和科研服务创新等内容，是一项宏大的社会系统工程，彼此之间互相联系、互相促进，统一于当代教育和科研改革与发展之中。所以，高校科研人才培养与创新尤为重要。

近几年，湖南省教育科学研究院高教所胡黄同志在高校科研人才培养与创新探讨方面先行了一步，经过她的辛勤努力，较好地完成了这个任务。研究无论在内容还是形式上都取得了一定的成绩，有不少创新观点有突破性进展，尤其探索剖析了高校发展与国家发展，特别是科研人才培养与创新之间的内在联系，指出创新必须靠人才，人才创新必须靠高校，高校人才培养必须靠科研的论点。同时，还对高校科研人才培养与创新的各个方面进行了分类研究，找出了目前存在的问题与不足，提出了日后发展的方向与建议，并对新时代高校科研人才培养与创新的发展做了比较全面的预测分析，初步构想了中国特色高校科研人才培养与创新体系。

本书探讨了党的十八大以来高校科研人才培养与创新发展的历程，并对各个时期有代表性的高校科研人才培养与创新思想进行了阐述，这是对高校科研人才培养与创新思想研究进行的一项重大的探源工程。通过对高校科研人才培养与创新发展的条分缕析，找出了不同发展时期、不同的社会经济科技文化条件下，高校科研人才培养与创新发展的一般规律：高校科研人才培养与创新与社会发展是相互促进的，高校科研人才培养与创新推进了社会发展的进程，社会发展又加速了高校科研人才培养与创新的步伐，高校科研人才培养与创新是社会发展的前提和基础，社会发展是高校科研人才培养与创新的条件和保证，并为新时代高校科研人才培养与创新的发展提供了引导性预测。

本书具体分析了高校科研人才培养与创新的关系。通过系统阐述培养与创新二者的关系，为高校科研人才培养找到了努力的方向，也为当前高校科研人才培养与创新找准了落脚点，即高校科研人才培养与创新的目的是培养适合社会发展的各级各类科研人才。

本书分类研究了高校科研人才培养与创新，探究了高校科研人才培养观念创新、高校科研人才培养制度创新、高校科研人才培养模式创新、高校科研人才培养内容创新、高校科研人才培养手段创新、高校科研人才培养评价创新、高校科研人才培养管理创新、高校科研人才培养与创新与备育、高校科研人才培养与创新与教育方针的具体内容，从而围绕高校科研人才培养与创新做出了规律性分析。部分构成整体，而整体功能大于部分，对高校科研人才培养与创新各部分内容的探究，对它们各自规律的把握有利于我们从整体研究高校科研人才培养与创新的发展规律，更好地发挥高校科研人才培养与创新的功能。

但在研究的过程中，我认为下述问题还尚未很好解决，还值得进一步深入研究。

1. 培养与创新

高校科研人才培养与创新是一对孪生兄弟，二者既有联系，又有区别。培养是以培养人的创新精神和创造能力为基本价值取向的教育实践，它着重研究和解决高校如何培养科研人才的创新意识、创新精神和创造能力的问题；创新是对已有不合理教育事物的改变和革新，它的灵魂在于求新，是一种深刻的变革，旨在建立起适应社会主义市场经济体制要求和新时代发展变革要求的，以素质教育为本质特征和主旋律的各级各类教育衔接贯通的社会主义新型教育体系。科研人才培养呼唤创新，科研人才培养既是创新的源头活水，也是创新的重要内容与最后归宿，两者之间具有互动性。在研究过程，作者没有对此做认真分析和仔细甄别，有时甚至相互取代，在一定程度上造成了理论上的混淆，不能很好地指导实践。对于这种替代，以后研究时应细加区分，注意二者的异同，努力争取为读者提供一些具有启发性的东西。

2. 创新目标的定位和重构

科研人才培养与创新是一种全新的全面教育体系，是在新时代大变局中超前实施的以符合新时代大变局要求的教育举措。它秉承人本位的理念，并始终以个体全面发展为培养目标，使科研人才的发展从不均衡转向均衡，以在更高水平上加以有效统摄。目前，高校科研人才培养与创新研究仍注重创新能力、创新素质的培养。随着高校科研人才培养与创新研究的深入，我认为高校科研人才培养与创新目标，不能仅包括创新能力素质和创造个性品质两方面，还应通过创新使科研人才学会做人、学会学习、学会审美塑美、学会服务、学会劳动创造，提高科研人才的自尊感和自信心，培养科研人才与社会发展相适应的合作意识与技能以及处理人际关系等方面的技能。

3. 创新型教师培养的艰巨性

作者通过研究剖析，感受到高校科研人才培养与创新实施的好坏，关键在于教师教育教学观念的真正转变。然而，在研究过程中，多侧重分析先进教育和科研思想的学习、专家精心设计的教学和科研计划与教师本身固有的教学和科研风格之间的矛盾，只看到教师习惯于从概念出发，而不是从问题出发；注意结论的记忆，而忽视对知识形成过程和思维方法的探讨；过分强调教师的主导作用，缺乏对科研人才创新精神和创新能力的尊重和关怀。在以后的研究中，应该注意到教师教育教学和科研观念的转变、创新型教师的培养是一个长期过程，任重而道远。

高校科研人才培养与创新是新时代深化高校改革的一个重大现实命题，涉及的新思想、新理论、新方法广而深。难为作者年轻且能力和水平有一定局限，也囿于作者资料的缺乏，我认为本研究只是一个初步的探索，希望作者今后将进一步整理和提炼研究成果，并有针对性地用于实践，使之产生效益。

总的来说，该研究紧密结合高校科研人才培养与创新的实际，具有思想性、先进性和可操作性的特点。对高校还是有一定的指导和借鉴作用。

（作者系湖南大众传媒职业技术学院党委书记、教授、博士生导师）

目　录

第一章　绪论

高等院校是培养人才的重要基地，人才素质的高低关乎国家经济社会的发展。不仅要以人为本，还应以用人为本。首先要落实党管人才的原则，在思想上要树立科学的人才观，重点是培养什么人的问题。在新时代，要在人才培养上转变思想观念，掌握核心内容，在实践中不断发展和更新，牢固树立“人才是第一资源”“人格品德”“人才质量”“专业科研”“全面素质”“可持续协调健康发展”的新理念，加快破除陈旧体制障碍，出台切实可行的新政策新制度，大力实施人才工程，深入推进高素质人才培养，尤其要抓好专业技术人才、高技能人才的培养。“用创新经营学校　用理念支撑学校”，坚决做到突出政治标准，选拔任用人才的培养；大力发现、储备人才；完善人才考评机制；建立激励机制；真情实感关爱人才。真正实现“育人共同体”战略规划，培养千千万万个有理想信念、有道德情操、有扎实学识、有仁爱之心，具备专业素质、专业能力、专业思想、专业精神的高素质人才。

目前，在信息化、大数据、现代技术日新月异，知识经济逐步成为主导经济形态、国际竞争更为激烈的新时代，如果没有优秀的人才，要实现“两个一百年”的中国梦那是不可能的。于是，我国高等院校按照党中央和习近平总书记的重要指示，高度重视人才队伍建设和优秀人才培养的发展和创新，形成了一整套管理办法，制定了规章制度，不断完善和改进，在战略发展目标上，不仅把人才队伍建设和优秀人才培养放在重要地位之一，而且也把提高人才队伍建设，提升优秀人才的创新精神和创新能力，培养新时代创新型高校人才队伍和优秀人才作为发展战略的核心。

一、人才培养的思想转变

组建高素质人才队伍和培养优秀人才是高等院校发展的根本保证。如果高等院校没有培养出具备专业素质、专业能力、专业思想、专业精神的优秀人才，就很难立足于新时代。知识经济是以知识生产和利用为核心，以人力资源和技术为动力，以高新技术产业为支柱，以科学研究和技术创新体系为后盾，以高新技术在不同产业中的广泛应用和不断创新为特征的一种全新经济形态。所以，高等院校作为知识传播、政治宣传、政治导向、促进工作的基地，培养和输送人才的摇篮，将成为经济发展和社会全面进步的决定性因素之一，这在全社会已日益形成为广泛的共识。党的十八大以来，我国高度重视发展高等院校培养优秀人才事业，实际上是在争先抢占新时代科技、经济竞争的制高点，这一制高点和竞争的焦点就是人力资源。在这样的背景下，我国高等院校培养人才的工作正在由经济和社会发展的外部走入其核心。在新时代，以什么样的人才理念来认识人才、培养人才，就成为我国高等院校人才队伍建设和人才培养迫切需要深入研究和解决的一个重要问题。

传统的高校人才队伍建设和优秀人才培养是以掌握专业知识的多寡、深浅为主要甚至唯一的标准来评价高校人才队伍建设和优秀人才培养的质量效果的。改革开放以来，大量物质财富的生产和积累的需要，决定了社会发展所需要的人才是也要适应形势的需要。科学，特别是自然科学，是人们崇尚和致力追求的。人就如同生产的机器，仅以其生产能力来衡量其价值的高低，就高校人才队伍建设和优秀人才培养范围而言，在总体上表现为一种功利主义精神，它作为人才培养的主要内容。灌输教育虽然在促进经济发展方面有着不可磨灭的功绩，但它所引发的一个严重后果是用灌输教育掩盖了高校人才队伍建设和优秀人才培养促进人的全面发展的价值。就个体而言，科学技术的极高境界并不表示其专业素质完善的水到渠成，对科学的追求并不一定会带来人格的完善，如果人们想仅仅通过探索自然科学来实现专业的完善，这是行不通的。现实的存在已经证实了这样一个道理，具有丰富知识和较强能力的人，不一定就是具备了较高专业素质的人，不能称为完全的还是健全的人才。专业素质的健全更多地需要个体在社会化的过程中吸收人文精神、社会文化，从而胜任社会所给予的角色，并相应地发展自己的思想品德、价值观念、行为规范等，进而一步步走向成熟。从专业素质的角度而言，只注重专业素质的传授和能力的培养，而忽视人才全面素质的提高，也不能算是完善的专业人才。

与传统工业社会相联系，我国原有专业教育长期存在重理工、轻人文，重应用、轻基础，重书本知识、轻创新能力，重共性制约、轻个性发展等倾向。随着社会的发展，人们逐渐认识到培养能力的重要性。我国专业教育就不断提倡“文理渗透”，“引文入理”与“引理入文”相结合，要求拓宽专业素质口径，提高思想品德、人文学科、社会科学等水平。尤其进入新时代以来，人们更深刻地认识到，在构成人才的要素中，有比知识、能力更为重要的东西存在，有对于人才接受和获取知识、提高和发挥能力更具影响力的东西存在，或者说使人的知识和能力更好地发挥作用的东西存在，那就是“综合素质”。所谓人的综合素质是以先天禀赋为基础，在后天环境和教育影响下，通过个体的认识和社会实践，养成的较为稳定的基本品质。

新时代，高校人才队伍建设和优秀人才培养将面临严峻的考验和挑战，要求我们必须重新思考高校人才队伍建设和优秀人才培养问题。应当承认，对于高校人才队伍建设和优秀人才培养，同属于智育范畴的知识与能力都很重要。但在全面发展中，智育是基础，却不是全部。如果我们的高校人才队伍建设和优秀人的培养，仅仅限于知识、能力方面，忽视非智力因素如思想品德、心理素质、视野素质的成长，则有悖于高校人才队伍建设和优秀人才培养的目标。

所以，高等院校必须要有树立符合新时代的人才理念与人才思想，鲜明的用人导向，重视人才培养的作用，制定开放的人才政策，坚持专业精神。我国改革开放以来之所以能够取得各方面的巨大成就，更加昂扬姿态立于世界民族之林，主要是有一批人才队伍和优秀人才在各个历史时期用行动诠释着爱国情怀、人格品德、勇于担当、重在科研、专业为先、敢于创新。

二、理念的核心内容

社会进步在于更新理念，在于发展与改革，在于改革与创新，在于创新与学习和实践。

（一）人才理念与人才思想

人才思想是人们对这一社会文化活动、对象的比较系统的、理性的认识和看法，其焦点是如何认识和处理培养目标与培养活动以及社会、文化发展之间的基本关系。

人才思想与人才理念既有联系，又有区别。高等院校人才思想是培养活动培养对象在人们头脑中的反映，它既受到培养规律的制约，又与一定的社会历史条件、时代背景以及培养对象个体条件有关。人才思想一旦形成，高等院校人才队伍建设和优秀人才培养就与一定社会历史背景相适应，因此，它可能先进的，也有可能是落后的。高等院校人才则是建立在充分认识人才队伍建设和优秀人才培养规律基础之上的科学的人才队伍建设和优秀人才培养思想，是一种理性的人才队伍建设和优秀人才培养思想。人才队伍建设和优秀人才培养理念能正确反映培养的本质和时代的特征，能够指明人才队伍建设和优秀人才培养的前进方向。当然，人才队伍建设和优秀人才培养理念还需要到实践中去实现。这是讨论人才队伍建设和优秀人才培养理念的现实意义和关键所在。

（二）人才培养的核心内容

高等院校怎样培养人才，在破除陈旧的体制机制障碍出台各项新政策和新制度的同时，还要大力实施重大人才工程，深入推进高素质人才知识更新、制定高素质人才培养计划博士后创新人才计划等，尤其是要抓好专业技术人才、高技能人才的培养，真正从思想上、组织上、管理上落实“人才强国”战略规划。

人才需要做到：学习科学文化与加强思想修养的统一，学习书本知识与投身社会实践的统一，实现自身价值与服务祖国人民的统一，树立远大理想与进行艰苦奋斗的统一。这正体现了知识、能力与思想道德素质之间的和谐统一，没有这种和谐统一，很难说我们培养出了符合新时代要求的真正的栋梁之材。把习近平总书记关于选人用人工作的重要论述贯彻落到实处，一是突出政治标准选拔任用人才，二是大力发现储备人才，三是完善人才考评机制，四是建立激励机制，五是真情实感关爱人才。着力做好爱才育才用才的重点工作，久久为功、发挥支撑引领作用，一是要营造良好的氛围，树立人力资源意识，改进体制机制，重视培养引领，善于不拘一格，造就领军人才；二是确立“校本”观念，加强硬件、软件建设，适时增拨经费，扩大校际交流，着重推广科研成果；三是强化品牌意识，挖掘“校本”特点，提炼“校本”特色，准确把握“校本”定位，精心培护人才发展，加大给人才“输氧”、“充电”、“热身”、“练兵”力度，创造留心暖心的获得感。

高等院校人才队伍建设和优秀人才培养理念的核心是高等院校人才知识、能力与思想道德素质三者的统一。知识即指需要掌握的基础知识和专业知识，包括高等院校人才规定的必须掌握的知识，也指更为广阔的科学和文化知识；能力，包括终身学习能力、运用知识的能力、创新的能力、与社会交流整合的能力、协调能力、决策能力、组织能力等；思想道德素质，则是指如何做人，应当有社会公德和职业道德的观念、有对国家和人民的责任感、有崇高的理想（包括事业理想和人格理想）并富有敬业献身精神，还应包括现代人格的独立性和创造性，敢于并善于进行独创性的思维，发现新问题，研究新情况，提出新观点，坚持真理，无私无畏。

知识、能力、思想道德素质三者是相辅相成的。知识是思想道德素质形成和提高的基础，没有相应的知识的武装，不可能内化和升华为思想道德素质，从政治思想角度出发，不仅传授专业知识，还要重视“为人”“做人”所必备的知识的培养，即相关的人文、社会、自然科学的知识。从全面提高人才队伍建设和优秀人才整体的培养素质出发，更要注重培养优秀人才的社会交往，与他人共处、共事、合作，即“做人”的能力。说到底，就是“学会求知，学会做事，学会共处，学会做人”更重要的是会做人，要把优秀人才培养成有社会责任感和事业心的人。

高等院校在人才建设和人才培养方面要营造好气候，创造好生态，加快构建“实践育人共同体”，大力培养一批人才建设示范基地。要坚定自身的思想信念，树立强烈的爱国情怀，重品德、敢担当、讲学习、抓专业、攀科研。正确认识世界和中国发展形势，正确认识时代责任和历史使命，正确认识远大抱负和脚踏实地，不怕困难，攻坚克难，真正做成一番事业，做好一番事业。在人才使用机制上，拓宽选人用人视野，打破论资排辈现象，在分配激励机制上，以按劳分配为主体，多种分配方式并存的分配制度。

三、理念的更新与实践

高等院校是培养优秀人才的基地和摇篮，如何理解和认识优秀人才，必然影响优秀人才培养政策的制定、实施、实践。反过来，高等院校为社会经济、文化发展提供了人才资源。面向新时代，我国对人才队伍建设和优秀人才培养的认识，以知识、能力与思想道德素质三者统一为核心，进行了人才队伍建设和优秀人才培养理念的诸多内容更新和实践。

（一）树立人才“第一资源”理念

立足新时代，随着大数据、信息化、互联网、科学技术和经济的发展，已然形成了对人才队伍建设和优秀人才培养的巨大需求，在学科交叉、知识更新和科技成果转化为生产力的情况下，为适应世界资源由物质资源开发向人才资源开发转移的大趋势，高等院校必须更新观念，树立人才是“第一资源”的新理念。人是生产力中最活跃的因素，也是起决定性的因素。如果说 20 世纪仍然是属于“财富源于物质资源”的时代，那么 21 世纪则完全进入了“财富源于人才资源”的崭新时代。人类的未来和国家的繁荣比以往任何时候都更加依赖于科技人才培养和科技知识的应用，创造知识和应用知识的能力与效率将成为影响一个国家综合国力和国际竞争力的重要因素，传递知识、培养人才已被视为国家发展的战略支柱。许多国家经济起飞得益于“人才是主要资源”这一根本性的国家长期发展战略。在现代经济增长中，高校人才队伍建设和优秀人才培养资源作为一种能动的特殊资源，是经济资源中重要的资源之一，代表了现代社会生产力发展的水平和未来社会发展的方向。放眼新时代，人才培养、知识的生产和再生产的人才教育相关产业，将成为决定未来经济增长的重要的产业之一。

树立人才“第一资源”的理念，也就是要充分认识到高校人才队伍建设和优秀人才培养的重要性。高校人才队伍建设和优秀人才培养是知识经济社会的支撑力量之一，高校人才队伍建设和优秀人才培养的素质高低将影响着社会的发展和进步。如果说工业时代基础设施有高质量的人才体系，那么，我们更应该要切实把高校工作作为基础性、先导性、全局性的战略产业，把高校人才队伍建设和优秀人才培养作为一个社会的基础工程来建设。

（二）树立人才“质量”理念，革新培养模式

树立高等院校人才队伍建设和优秀人才培养“质量”理念，就是要在培养高校人才队伍和优秀人才时，一定要充分考虑社会和单位的需求，实质上这也是一个“产品”适销对路的问题。高等院校要起到这个作用。用人单位是根据社会经济文化发展趋势和自身特点来提出高校人才队伍建设和优秀人才培养标准和要求的。进入新时代，用人单位已经明确，人才队伍建设和优秀人才培养是分层次的，只要是能够在岗位上发挥聪明才智，做出最大贡献的，都是人才。我国正处于生产力水平更加多元化进一步发展的阶段，这就决定了对人才队伍建设和优秀人才培养规格的需求更加多样化。

高等院校人才队伍建设和优秀人才培养和用人单位的需求是一致的。这种要求迫使高等院校根据用人单位自身的基础条件、所处地域及其他内外部条件，采用多种形式，适应不同生产力水平、不同性质、不同工作岗位的要求，培养拥有个性、爱好、特长的不同、不同层次、不同类型、不同规格的高素质人才。

我国高等院校过去的高素质人才培养体系与新时代社会发展要求不相适应的情况，主要体现在：专业口径过窄、人文教育薄弱、培养模式单一、培训内容偏旧、培训方法僵化等。这些情况都直接影响了高素质人才培养质量的全面提高。如果要从根本上改变这种不适应的状况，就必须以政治思想观念改革为先导，不断深化改革高素质人才培养模式。在不同层次、类型、学科专业方面，培养的高素质人才无疑会成为人才市场的“抢手货”。

（三）树立“全面素质”理念，培养高素质人才

高等院校培养人才时，目标应该是：培养基础扎实、知识面宽、能力强、品质高尚的高素质人才。高质量的人才应是知识、能力、思想道德高度和谐与完美统一的。树立高素质人才“全面素质”理念，在政治理论与实践的发展中具有重要意义。政治教育思想所强调的，就是要在高素质人才培养的过程中，融传授政治知识、培养政治能力的同时，要更加注重人格的培养。正确处理好这些关系，促进三者协调发展，是树立全面素质政治思想的关键所在。

重视政治教育就应将政治教育的思想渗透到专业教育之中，贯穿高素质人才培养的全过程，特别是注重政治素质的提高。

高等院校建设人才队伍培养优秀人才要制定自己的标准，要把政治标准放在选人用人第一位，完善考核评价机制，建立知事识人的分类考核体系，着力解决评价标准“一刀切”问题，鼓励人才在不同领域、不同岗位、不同学科，都能发挥自身专业和特长，创造新

的成绩，勇攀科学新高峰。

（四）树立“创新”理念，造就创新能力的人才

创新是一个民族进步的灵魂。当今时代，一个与民族、国家生死存亡相攸关的问题——“创新”。因为大数据、信息化、现代技术是建立在知识生产、分配和应用之上的新型经济，所以，经济实践活动得以不断在创新中超经验、超常规地发展。大数据、信息化、现代技术的生产与其他物质形态的生产相比，其特点在于它的探索性、创新性、发展性，它并不着意于把已有的知识重复地再生产出来，而重在开拓未知的领域，创造出原本没有的新数据、新信息、新技术，其中包括新的知识、新的认识方法、新的思维模式等等。培养和造就大批具有创新意识和创新能力的现代科技人才，对提高国家知识创新和技术创新能力至关重要。而这项任务主要是依靠人才培养。因此，高等院校要着力培养高素质人才求疑、实证、严谨和理性的工作精神；在工作和从事科学研究中，既要重视继承人类文化科学遗产，又要大胆发现问题，通过求证和科学实践解决问题，并且在这一过程中锻炼自己的创新能力。高等院校在构建创新型培养模式，必须深化改革，要突出创新能力的培养和高素质人才个性的发展，在爱护和培养高素质人才的好奇心、求知欲，帮助高素质人才自主学习、独立思考，保护高素质人才的探索精神、创新思维，营造崇尚真知、追求真理的氛围，为高素质人才的禀赋和潜能充分开发创造一种宽松的环境；要让高素质人才感受、理解知识产生和

发展的过程，培养高素质人才的科学精神和创新思维，重视培养高素质人才收集处理大数据、信息化、新技术的能力、获得大数据、信息化、新技术的能力、分析问题和解决问题的能力、语言文字表达能力以及团结协作和社会活动能力等。

（五）树立人才可持续发展理念

社会发展、经济发展、科学发展、国家发展都是以人为本，高等院校更要在懂得这个道理的基础上，还要以用为本。以用为本就要树立人才可持续发展理念，实现人才全面、持续和协调健康发展。

可持续发展战略，原来只是在物质层面上用以处理人与自然的关系，即用以解决资源、生态环境的问题。随着人们对可持续发展理念认识的扩大、丰富和加深，明确这一理念的内涵包括了新的自然观、价值观、道德观、思维方式，以及发展的持续性、整体性、公平性、协调性等原则，它的意义就从物质层面扩大到文化层面，进入人文视野，实施可持续发展战略不能仅停留在物质层面上，必须提高到文化层面上来认识问题和解决问题。可持续发展是以人为本位的，人是文化的主体，而高素质人才是通过培养造就的。可以说，培养高素质人才，是实施可持续发展战略的根本保证，高等院校要将政治文化、社会文化、经济文化、教育文化、专业文化等有机的融合起来，才能实现高素质人才的可持续发展。就是要充分挖掘高素质人才的发展潜力，合理利用高素质人才发展所需的各种资源，努力优化高素质人才发展的环境，使高素质人才实现个人素质的全面协调发展，对社会贡献最大化。为适应竞争环境和更好地发展，实现自我价值，高素质人才的可持续发展培养就成为现代高素质人才培养发展的必然趋势。

可持续发展培养高素质人才，主要表现在培养人才的时间延伸。高素质人才一生中任何阶段学习的告一段落都不意味着学习的结束，而只是下一阶段学习的开始，这种学习是持续不断的活动，应当贯穿在高素质人才整个生命正常进程的各个阶段。未来对高素质人才提出持续发展的要求，使我们对知识、文化追求的观念逐渐走向理性，这是社会发展的必然。通过对新知识的不断学习，获得生活必需的技能，促进个人成长，达成自我实现。同时，高素质人才的可持续发展，也将对提高国民整体素质水平，加快实现中国梦的步伐，起到重要的作用。所以，高等院校在建设高素质人才队伍和培养优秀人才任重道远，责任重大。

第二章　高校科研人才概念

一、科研人才思想的转变

新时代，我国科研工作的一个根本性变化就是以培养什么人的问题为核心的中国化发展的知识经济逐步成为主导型经济形态。高等院校是培养各类人才的首要阵地，关乎社会经济、民生的稳定和发展。高校作为培养和输送人才以及科研成果的摇篮，将成为经济发展和社会全面进步的决定性因素之一，这在全社会已日益形成广泛的共识。科教兴国，我国目前如此高度重视发展科研事业，实际上是在争先抢占新时代科技、经济竞争的制高点，这一制高点和竞争的焦点就是科研人才和科研能力。在这样的背景下，我国高校科研工作由此必须要进入其核心。由此，以什么样的科研理念来认识科研、开发科研、培养科研人才，就成为我国高校工作迫切需要深入研究和解决的一个重要问题。

过去，我国原有教育科研长期存在重书本知识、轻科研、创新、创造能力，尤其是动手能力，重共性制约、轻个性发展等倾向。随着社会的发展，人们逐渐认识到高等院校在社会、经济发展中的重要性，尤其进入新时代大变局以来，人们更深刻地认识到，科研开发、科研创新、创造的重要性。高校的综合影响是以先天禀赋和高校人才济济为基础，后天环境和科研开发、创新、创造影响下，通过教学和推广，形成自身较为稳定的科研传承和基本品质。

新时代高校科研工作将面临严峻的考验和挑战，要求高校必须重新思考高校科研发展问题。应当承认，对于高校科研的发展，同属于课本范畴的知识与动手能力都很重要。但在全面发展中，课本灌输是基础，却不是全部。如果把高校科研仅仅限于知识的培养，忽视个人喜好、个人专长、能力的发挥，则有悖于提高高校竞争的实力的初衷。

二、科研人才理念的阐释及其核心内容

怎样形成高校科研，应该有四个方面的统一。即学习科学文化与加强研究的统一，学习书本知识与投身专业攻关的统一，实现科研价值与服务国家、社会的统一，树立远大目标与进行现实科研的统一。这正体现了知识、能力与专业、研究、开发、实验、服务之间的和谐统一，没有这种和谐统一，很难说高校科研出了符合新时代要求的真正的科研人才和成果。

高校科研理念的核心应该是塑造高校科研知识、能力与专业、研究、开发、服务的统一。知识，主要指需要掌握的基础知识和专业知识，包括高校科研所规定的必须掌握的知识，也指更为广阔的科学和文化知识；能力，包括终身学习能力、运用知识的能力、创新创造的专业能力、与国家、社会发展整合的能力、服务能力、推广能力、传承能力等；专业，则是高校自身的特长，学生自身的专业、特长研究，主要是组织高校技术人才队伍，根据高校自身力量，定出长期的、短期的研究目标和方向；开发，就是将科研项目进行开发、测试，达到要求服务，就是将开发研制的成果服务于国家、社会。所以，高校科研应当怀有人类进步发展的观念、有对国家和人民的责任感、有崇高的理想并富有敬业献身精神，应包括现代人格的独立性和创造性，敢于并善于进行独创性的思维，发现新问题，研究新情况，提出新观点，坚持科研，无私无畏，大步前进。

三、科研人才理念的更新与实践

面向新时代，我国在对于高校科研人才的认识和培养上，以知识、能力与科研素质三者统一为核心，进行了高校科研人才理念的诸多内容更新和实践。

（一）树立人才“第一资源”理念

新时代，社会、科技和经济的发展，已然形成了对高校科研人才的巨大需求。在信息爆炸、学科交叉、知识更新和科技成果转化为生产力的情况下，为适应世界资源由物质资源开发向人才资源开发转移的大趋势，必须更新观念，树立人才是“第一资源”的新理念。人是生产力中最活跃的因素，也是起决定性的因素。如果说20世纪仍然是属于财富源于物质资源的时代，那么新时代则完全进入了“财富源于人才资源”的崭新时代。人类的未来和国家的繁荣比以往任何时候都更加依赖于科技人才培养和科技知识的应用，创造知识和应用知识的能力与效率将成为影响一个国家综合国力和国际竞争力的重要因素，传递知识、培养科研人才已被视为国家发展的战略支柱。许多国家经济起飞得益于“人才是主要资源”这一发展战略。在现代经济增长中，高校科研人才资源作为一种能动的特殊资源，是经济资源中最重要的资源之一，代表与现代社会生产力发展的水平和未来社会发展的方向。放眼新时代，从事科研人才培养、知识的生产和再生产的科研发展，将成为决定未来经济增长的最重要的产业之一。

树立人才“第一资源”的理念，也就是要充分认识到高校科研人才的重要性。高校科研人才是新时代最重要的支撑力量之一，高校科研人才的素质高低将直接决定着社会的发展和进步。如果说工业时代基础设施有高质量的高校科研体系，那么，我们更应该要切实把高校科研工作作为基础性、先导性、全局性的战略产业，把高校科研人才开发作为社会的基础工程来建设。

（二）树立“质量”理念，革新人才培养模式

树立高校科研人才“质量”理念，就是要在培养高校科研人才时，一定要充分考虑社会和高校的需求，实质上这也是一个“产品”适销对路的问题。高校要起到这个重大作用。用人单位是根据社会经济文化发展趋势和自身特点来提出高校科研人才标准和要求的。用人单位应该明确：高校科研人才是分层次的，只要是能够在自己的岗位上发挥聪明才智，做出最大贡献的，都是人才。我国正处于生产力水平更加多元化进一步发展的阶段，这就决定了对科研人才规格的需求更加多样化。

从本质上讲，用人单位的需求都迫使高校科研必须根据自身的基础条件、所处地域及其他内外部条件，采用多种形式，培养出适应不同生产力水平、不同性质、不同工作岗位的要求，以及个性、爱好、特长的不同需求、不同层次、不同类型、不同规格的科研人才。

我国原有的高校科研体系与社会经济体制不相适应，与社会发展不相适应，主要体现在：专业口径过窄、研制教育薄弱、培养模式单一、培训内容偏旧、培训方法僵化等，所有的这些都直接影响了科研人才培养质量的全面提高。要从根本上改变这种不适应的状况，就必须以知识、能力、传承、专业、科研、开发、创新、创造观念改革为先导，不断深化科研人才培养模式的改革。不同的高校可以从不同层次、类型、学科专业方面改革，培养的科研人才才会

成为人才市场的“抢手货”。

（三）培养全面发展的高素质科研人才

高校培养科研人才的目标应该是：基础扎实、知识面宽、能力强、品质高尚。高素质的科研人才应是知识、能力、传承、专业、科研、开发、服务高度和谐与完美统一的。树立科研人才“全面素质”理念，在科研与实践的发展中具有重要意义。应该承认，过去的培养，特别是以传授科研知识、培养科研能力为着眼点的培养模式，对科研人才素质的提高也产生过影响，发挥了作用。在科研人才培养的过程中，强调传授科研知识、培养科研能力的同时，要更加注重开发和创新创造的培养。正确处理好这些关系，促进多方面协调发展，是树立全面素质科研思想的关键所在。

（四）造就创新意识和创新能力人才

科研不创新不叫科研。“创新是一个民族进步的灵魂”。因为知识经济是建立在知识生产、分配和应用之上的新型经济，所以知识决定了经济实践活动得以不断在创新中超经验、超常规地发展。知识的生产与其他物质形态的生产相比，其特点在于它的探索性、创新性，它并不着意于把已有的知识重复地再生产出来，而重在开拓未知的领域，创造出原本没有的新知识，构造出新的认识成果，其中包括新的知识、新的认识方法、新的思维模式等等。如果不能实现知识增值，知识经济也必将因失去其根本基础而产生危机乃至崩溃。

所以高校科研必须先行之。培养和造就大批具有创新意识和创新能力的现代科研人才，对提高国家知识创新和技术创新能力至关重要。而完成这项任务主要依靠科研人才培养。因此，高校要着力培养科研人才求疑、实证、严谨和理性的工作精神；在工作和从事科学研究中，既要重视继承人类科学遗产，又要大胆发现问题，通过求证和科学实验解决问题，并且在这一过程中锻炼自己的创新能力。构建创新型科研人才培养模式，必须深化改革，要突出创新能力的培养和科研人才个性的发展，爱护和培养科研人才的好奇心、求知欲，帮助科研人才自主学习、独立思考，保护科研人才的探索精神、创新思维，营造崇尚真知、追求真理的氛围，为科研人才的禀赋和潜能充分开发创造一种宽松的环境，要让科研人才感受、理解知识产生和发展的过程，培养科研人才的科学精神和创新思维，重视培养科研人才收集处理信息的能力、获取新知识的能力、分析问题和解决问题的能力、语言文字表达能力以及团结协作和社会活动能力。

（五）树立科研人才可持续发展理念

实现科研人才的可持续发展，就是要充分挖掘科研人才的发展潜力，合理利用科研人才发展所需的各种资源，努力优化科研人才发展的环境，使科研人才实现个人素质的全面协调发展和对社会贡献的最大化。

第三章　高校科研人才培养

一、突出“以人为本”

传统高校科研人才培养以单纯的专业知识传授、积累为目标，学习内容是提倡统一性、规范化。新时代，高校科研人才培养有了新的发展，培养创新建立在科研人才的能动性、独立性基础上，以发挥科研人才的能动性为前提，注重独立性，强调科研人才的参与性，要求科研人才扩大知识面，提倡学习的多维性、多元性和自主性。

（一）确立“以人为本”的培养理念

高校“以人为本”的理念是尊重科研人才的人格和潜能，把科研人才作为培养的出发点和归宿的新培养理念，主要涉及对科研人才的角色定位和对科研人才智能状况的基本估价，如科研人才是单纯的知识接受者，还是知识的探索者；科研人才的人格、主体性是否应该得到充分尊重；科研人才是否具有一定程度的学习自由。过去，有些科研人才只能是被动地学，只能言从学校权威化的态度、灌输式的学习方法、统一呆板的学习模式，这种培养人才的方式忽略了主体，没有做到“以人为本”。

“以人为本”的培养理念实现了从教育的单一主体论向教育主体论的转换。谁是教育的主体？是学校，还是科研人才？传统的培养理念，是将学校视为单一的主体，科研人才仅是一个对象，一个客体。“以人为本”的培养理念持“双主体论”，即学校主体性与科研人才主体性同时存在，相辅相成。高校科研人才在科研活动中表现出来这种主观能动性是成功培养的主要动力。许多教育家认为，所有真正的学习都是主动的，不是被动的，它需要运用头脑，不仅仅是靠记忆；它是一个发现的过程，在这个过程中，科研人才要承担主要的角色，而不是学校。以开发人才的创造潜能为主旨的创新教育，关键在于重视科研人才的主体性，尊重和唤醒科研人才的主体意识，倡导和发挥科研人才的主动性和创造性。当前，部分高校教育的最大问题就是没有把科研人才当作科研的活动的主体，忽视科研人才的主体意识。因此，确立“以人为本”的培养理念，实现科研人才培养理念转换的核心是肯定人才在科研活动中的主体性。

“双主体”中的学校仅仅是科研活动的设计者、组织者，学校的主体作用仅仅是一种主导作用，学校的讲授、示范、指导、开发、创新，仅仅是对科研人才科研活动的一种引导。应该理智地认识到，在科研人才求知和探索的曲折人生路上，学校只是给科研人才以提示和引导的作用。

“以人为本”的培养理念另一重要内容，便是如何看待学校传授的知识，如何评定科研人才的质量的标准。传统的培养把知识作为既定的、永恒的结论传授给科研人才，要求科研人才被动地记忆、机械地模仿，并以既定知识的成绩作为评定科研人才质量的最终标准。“以人为本”理念强调知识的发现过程，而不是现成结论的记忆。因为科研人才的科研活动都要有一定的背景知识，没有对由前人科研成果和科研知识构成的科研的把握，就不会具备发现科研的能力、科研的进步、科研的重大贡献。然而，旨在培养创新科研人才的创新科研应更关注科研中的发现，即更关注科研人才发现知识能力的培养。这实际上是包括知识教育在内的智力教育，它重视培养科研人才独立思维能力、学习能力、发现问题和解决问题的能力、处理与社会和自然关系的能力，以及适应未来社会需求的能力等；相应地，评定科研人才质量的标准也在于科研人才应用和拓宽知识的能力，在于科研人才的发现能力、开发能力、运用能力和创新能力。显然，这些是以确立科研人才主体性为前提的。

（二）发扬“以人为本”的教学作风

高校贯彻“以人为本”的培养理念，需要发扬以科研人才为本的能力发挥和科研人才的教学作风，这就是体现对科研人才的尊重。

科研人才的主体性养成于科研人才对科研活动的参与。唯有以主体身份参与科研实践，在科研活动中有施展自身才能、发挥自身主动性的机会、隐藏在科研人才中的主体潜能才能得到充分发挥，科研人才才能清楚地认识到自身的价值，其主体性才能从不自觉上升到自觉，从朦胧变为清晰。

尊重、信任和理解科研人才，懂得维护科研人才的人格尊严，不把自己看作高于科研人才一等的人，抛开以学校为中心的观念，警惕自己对科研人才可能产生的禁锢影响和控制欲望，坚持以科研人才为中心，是在科研中发扬“以人为本”教学作风的必要前提。为此，学校要善于与科研人才作学术思想的平等切磋，并虚心听取科研人才的意见，吸取科研人才的有益思想，从科研人才的提问、质疑中寻找自己学校中的不足，甚至鼓励科研人才否认自己的意见；要学会用欣赏的眼光看科研人才，善于发现科研人才的长处，并虚心向科研人才的长处学习，以弥补自身的不足；要善于洞察科研人才的心灵世界，熟悉科研人才心理，多与科研人才进行心理交流，同科研人才交知心朋友，学会用“心”与科研人才作平等对话，以达到学校与科研人才彼此真情理解。

科研人才创新能力的形成和发展，不能单方面依赖学校的讲解或说明，而主要依赖于自己的探究和体验，依赖于群体讨论和思想交锋，创新思维往往是群体自由讨论中大量信息撞击的结果。如果学校在培养中不给科研人才自主学习的机会，不为科研人才提供探究的自由空间，不鼓励科研人才思维的自由驰骋，创新也就无从谈起。为此，学校要尊重科研人才个性，鼓励科研人才进行创造性学习，努力构建生动活泼、主动探索的科研气氛，引导科研人才积极思维、主动探索，在科研中发掘自己内在的潜力。

总之，“以人为本”的教学作风关系到科研人才主体性的发挥，关系到新型学校与科研人才关系的形成，也关系到创新思维品格的养成，更关系到“以人为本”的培养理念到以科研人才为本培养理念的落实。

（三）倡导“以人为本”的教学手段

“以人为本”的教学作风最终必须落实于恰当的手段。所谓“以人为本”，即贯彻以科研人才为中心的原则，体现平等、宽容的新型学校与科研人才关系，有利于发展科研人才个性、激发科研人才创新思维，区别于“一台电脑，一本笔记，一个实验室，教师一言堂”传统科研模式的新型手段。

二、强调创新力

就字面上理解，科研能力当包括研究、实验、开发、创造与革新几个方面，这里重点谈创造力的培养。数千年以来，创造与人类的文明、民族的兴旺、国家的存亡息息相关。翻开文明史，不难发现，正是人类大大小小的创造不断推动着人类社会的进步。人类历史就是一部创造历史。人类的创造，从发明石器时代已经开始，可谓是源远流长。

随着时代的进步和社会的发展，人们越来越认识到发展创造力的重要意义。由此，培养创造力的重要性就可略见一斑了。尤其科研在创造力方面起着决定性作用。

培养科研人才的创造力，可以从以下几点入手：

（一）正确理解创造力的概念

在科研活动中，人们往往把创造力看得过于神秘，以为那只是大科学家、大发明家的事。其实不然，只要是科研人才，创造意识皆有普遍，更应该普遍培养。

创造力是一种能力，它是在科研活动中形成，也在科研活动中表现出来的。就科研活动而言，主要有七种形式，一是研究，二是开发，三是实验，四是推广，五是发明，六是发现，七是总结经验教训。研究是将古往今来的事物进行探索，总结经验教训，找出对策发展路子。开发是将研究的项目变成有用的正确方向和事物。实验是走向正确的方向，将事物变成有利社会的东西。推广是将有利的事物发挥更大的作用。发明是在现有的事物的基础上，创造新的事物。发现是研究、开发、实验、推广、发明的过程，找出本就存在的但尚未被人知晓的事物和规律。总结经验教训是在以上过程找出优点和不足，以备今后更快更准发现新的科研方向或要点。因此，这些都要属于科研的创造力。就科研创造力的本质而言，它可以表现在不同的层次和领域，如教育、经济、管理、军事，等等，各行各业都会有自己的创造。科研更应该进行创造。我国著名教育家刘佛年说："什么是创造？我想只要是有一点新意思、新思想、新观念、新意图、新做法、新方法，就可以称得上创造。我们要把创造的范围看得广一点，不要看得太神秘。"

因此，创造力并不像我们想象的那样凡人不可攀、可望而不可及。高校首先应让科研人才在正确理解创造力的基础上，坚定自己能创造的信心。

（二）掌握扎实的基础知识

创造力是以知识、智能为基础的。知识是创造的基础，无知识便无法创造。任何创造都不外是对已有知识的重新组合和改造，一切重大的创造都毫无例外地站立在前人的肩膀上——即是在继承前人知识财富的基础上进行的。因此，有人曾把知识、智能和创造力比喻为一座宝塔的三个层次，知识是塔座，智能是塔身，科研是塔楼，创造力是塔顶。这个比喻形象地说明了知识对创造的重要性。为了使科研人才今后能更好地创造，必须培养他们努力学好基础知识，打下扎实的基本功，并建立合理的知识结构，就是说科研人才一定要知识扎实、精深；只有具有这样的知识结构，才有利于进行科研的研究，这样也才能跟上新时代的飞速发展。

（三）养成勤思多问的习惯

创造离不开知识，但知识并不必然带来创造。培养科研人才的创造力，就必须发展他们的创造性思维能力，勤于思考，勇于探究，寻求变化，不受现成知识的局限，不受传统方式的束缚，由已知导致未知，去发现新事物、新理论。

勤思多问，不仅是对旧知识的挑战，也是新知识产生的先导。因此，高校要为科研人才提供科研的机会，逐渐养成他们多方向、多角度认识问题和解决问题的习惯。

（四）提供相应的创造环境

高校研究创造力的根本目的，在于更有效地提高科研创造力的发展水平。因而首先创造力应该得到承认、鼓励和培养，但过去的高校并不是每个科研人才都那么幸运地身处鼓励创造的环境中。有些科研人才刚提出一个新设想或发明一样新成果，很可能会陷入这样一种境地：一些学校只会考虑学校的实际去对待科研人才提出的新想法，有时阻碍，有时拒绝。因此，在新时代，高校要站得高、看得远，要想方设法对科研人才提供机会，让每个科研人才都勇于表达各自的科研创造意见，当与科研人才意见不一致时，不应该轻易地拒绝他们的意见和做法。

现在，激励创造力的环境也在不断优化，一些学校还专门开设了调查研究，鼓励科研人才进行个人的研究和发明，有的还获得了国家的专利发明奖。就一些学校而言，培养与科研相结合，也为创造力的发展提供了多种多样的机会。现在，高校正在积极引导科研人才参加各类学科研究，有些科研人才在学习期间就取得了可喜的研究成果。随着培养与科研的进一步结合，高校科研人才的创造热情会被逐步激起，创造的信心会不断增强，创造的本领会得到充分锻炼，创造力会得到迅速发展，国家和社会会对高校科研人才也会更加爱护和支持。

三、坚持社会实践

高校科研人才社会实践对创造性高校科研人才的培养具有特殊的地位和作用。如何加强和改进这一工作，充分发挥其作用，是新形势下高校科研工作的重大课题，也是实现培养高校科研人才与时俱进的重要环节。因此，有组织、有计划地指导科研人才接触社会，广泛深入地开展科研社会实践活动，对于培养创造性高校科研人才是十分重要的。

（一）升华创造性人才的思想品德

社会实践活动能帮助高校科研人才树立正确的科研观。社会实践使科研人才走向社会，接近科研的对象，瞄准科研的目标和方向，直接感受和体验丰富多彩、纷繁复杂的社会科研生活，接受传统的教育的同时，学会用辩证唯物主义和历史唯物主义的观点冷静分析科研上的问题，自觉把自己的科研理想与人类的科研进步、祖国伟大复兴联系在一起，找到正确的科研方向。

同时，社会实践活动也有助于高校科研人才养成实事求是的科学态度和培养团队协作精神。科学来不得半点虚假，社会大课堂教育科研人才严谨、求实，通过扎扎实实的科学研究实践找到成功之路，否则会误入歧途甚至受到惩罚。实践活动中高校科研人才与学校教职员工间为完成一定任务的配合协作，有利于培养高校科研人才的团队精神，提高人际协调能力，学会取长补短、集中优势、分工合作，发挥整体最优效能。

（二）创造性思维能力要在社会实践中启培养

创新意识是高校科研人才进行创造活动的出发点和内在动力。社会实践活动有助于培养高校科研人才的创新、开拓意识和敢于竞争、不屈不挠的精神。高校科研人才在各种形式的社会实践活动中，将不断经受传统与现实的撞击，始终置身于把握机遇、迎接挑战的激烈竞争中，处于疑难与解决疑难的环境中。高校科研人才会不满足于现状，大胆提出问题、思考和解决问题，突破陈规，勇于创新。新时代以来，我国在高层次和更广领域直接面对全球技术信息和资本市场的竞争，大力推进技术创新和“科教兴国”战略的实施，努力培养广大青年创新、创业意识，造就一代适应未来挑战的高素质人才，已经成为实现中华民族伟大复兴的时代要求。根据这一形势的需要，近年来，高校培养科研人才的思路着力政策和开放，在国家和社会各界的关心、支持下，一批科研人才活跃在各行各业，科研项目、项目开发、开发创造和国家、社会的需要相结合，向更深的层次推进，培养的新型的科研人才也已进入了世界科研的竞争中。

实践证明，社会实践有利于克服部分高校科研人才逻辑思维中重感性轻理性、重理论轻实践的倾向。高校科研人才的培养方式使高校科研人才能够迅速有效地掌握大量基本概念、基本理论和基本方法，具有系统性和全面性。那些直接的创造实践活动，能使高校科研人才体会到进行逻辑思维的乐趣和价值，进一步提高学习理论知识的积极性。社会实践有利于让高校科研人才的科研工作指导经济活动的聚合思维能力和发散思维能力得到提高和发展。创造性思维是聚合思维和发散思维的有机统一，是一个聚合—发散—聚合……多次循环往复、螺旋式上升的过程。在这个过程中，错误的结论不断被抛弃，不完善的结论不断被修正，最后聚合出最优化的结论。社会实践为高校科研人才聚合思维和发散思维能力的发展提供了源泉和舞台，它开阔了高校科研人才的知识视野，激励高校科研人才运用所学知识分析和解决实际问题，提供了有利于思维发散的情境，创设了思维发散的条件，从而开发和发挥着他们的潜能。

同时，社会实践也有利于高校科研人才直觉的培养和灵感的产生。直觉的发展和灵感的产生依赖于知识和经验的积累。根据自己的知识和经验，思维主体对认识对象进行洞察，产生直觉。灵感的产生更需要一定的外部诱发条件，这种条件可以是外部的直接刺激，也可以是外界某一事件对其进行“原型启发”，或者是某种能使其触类旁通的联想。

此外，社会实践活动对高校科研人才形象思维的发展也有促进作用。高校科研人才通过积累大量实践资料，产生创造性想象——具有积极意义的想象而非消极的幻想，培养勤于观察、乐于观察、精于观察的习惯，从而提高形象思维能力。

（三）社会实践中陶冶和激励创造性发展

首先，社会实践对于高校科研人才情感的培养有积极意义。在考察访问等活动中，能够接受优秀传统科研文化的熏陶，感受科研的伟大，增强科研的信念；在科研与社会实践活动中，能够亲身体会开发创造的艰苦性和复杂性，尤其能体验到为国家、社会做出贡献的愉悦之情，并获得成功的快感。这些实践活动对高校科研人才人格的发展均会产生潜移默化的影响。

其次，社会实践能够培养高校科研人才广泛的兴趣，激发其探索的欲望和成功的动机。社会实践为高校科研人才培养广泛的兴趣提供机会，它可以不受专业领域和科研人才的限制，把丰富的科研活动内容和五彩缤纷的现实环境呈现在科研人才面前，引起科研人才的多种兴趣，推动科研人才从相邻学科乃至边缘学科的思维模式和研究方法中受到启迪，或产生新奇联想，激发新的探索欲望。

综上所述，高校科研人才创造意识、创造思维能力及制约创造力发展的思想道德素质和个性心理品质的培养都离不开社会实践，社会实践应当得到学校和社会的切实重视。“受教育、长才干、做贡献”既是高校科研人才社会实践活动的宗旨和目标，也是开展社会实践活动的生动概括。通过实践活动，高校科研人才磨炼了意志，增长了才干，培养了强烈的责任心和高度的社会责任感，并将所学科研文化知识直接服务于社会，弘扬了科学精神，普及了科学知识，同时，高校科研人才运用自己所掌握的专业知识技能发现和思考现实生活中的各种问题，培养和锻炼了自己的创造性思维能力。此外，在实践过程中，高校科研人才奉献了自己的青春和热忱，以积极的姿态和饱满的精神，克服困难，迎难而上，用已所学服务他人，创造性科研工作能力也能得到大幅度的提高。

四、加强思想政治工作

思想政治工作更是高校科研人才研究的重要项目。加强高校科研人才的思想政治工作尤为重要。

（一）思想政治工作能够激发科研人才创新热情

科研人才创新能力培养的最基本的工作，就是要激发科研人才创新的热情，引导他们认识创新的重要意义，培养他们的求异思维和敢于质疑的精神，激励他们不断地思考和创造，而思想政治工作就是要建立引导、鼓舞、激励科研人才不断创新的动力机制。

首先，通过思想政治工作，可以使科研人才认清历史发展趋势，端正科研态度，抢抓历史机遇，努力开拓科研创新，把科研人才内在的对科研成功的渴望，转化为对创新创造的不懈追求。只有目标明确，热情迸发，科研人才的创新能力才会充分展示出来。

其次，通过思想政治工作，高校科研人才要明确创新目标和方向，紧紧围绕建设新时代这一核心，培养创新意识和创造精神。创新意识培养和创造行为实践的过程也是学校和科研人才发展的过程，在此过程中，作为高校和科研人才不但应确立创新的意识，而且要努力在教学和科研中实践学校和科研人才的创新目标和方向，把高校和科研人才的发展融入新时代科研创新的主流之中。

再次，思想政治工作还可以合理开发高校科研人才的好奇心，充分调动他们的科研探索兴趣和求知欲望，增强他们对新事物的敏感性，激发他们的科研创新热情，使之乐于科研创新，以科研创新为荣，并在创新中勇于经受挫折，自觉按科研的客观规律实践创新。

（二）思想政治工是高校创新实践提供精神支持

高校科研人才的科研创新意识、科研创新思维最终要转化为科研创新实践，而科研创新实践要经历曲折的过程，其中还可能遭遇各种困难、挫折甚至是失败。思想政治工作的另一重要作用，就是为科研人才的科研创新实践提供精神支持。第一，要通过思想政治工作，培养科研人才坚忍不拔的意志和曲折不挠的精神，引导他们正确认识成功与失败的关系，科学对待前进和曲折的辩证关系。要培养科研人才，只有秉持科学求实的态度，才能少走弯路；只有锲而不舍，才能最终取得成功。在科研创新实践过程中，要一心一意、专心致志、坚持始终，好大喜功或盲目地乱闯往往一事无成。第二，要通过思想政治工作，培养科研人才的科研创新胆识。科研创新在本质上是探索未知的过程，因此，它是勇敢者的事业，历史上的无数事实证明，只有具备非凡的胆识和果断决策的魄力，才能取得科研创新的成功。在复杂多变的科研创新实践中，面对纷繁复杂的诸多现象，只有认清事物的本质，果断地决定前进方向，才能抢抓机遇，实现科研创新性突破。第三，要通过思想政治工作，培养科研人才的高尚人格。

高尚人格是保障创新实践沿着正确方向发展的先决条件。因此，高校培养科研人才的高尚人格对于科研创新具有把握正确方向的重要意义。此外，只有具备高尚人格的人，才能在现代科研中与他人更好地团结协作。现代科技的发展，运用集体智慧科研创新的趋势越来越突出，科研和开发、创造、创新的交叉、渗透、融合，需要科研人才取长补短、集体攻关。只有具备高尚人格的科研人才能消除无序竞争，更好地完成协作任务，在科研创新中占据主动。思想政治工作还可以营造有利于科研创新的良好科研文化氛围，做到人尽其才，物尽其用，有利于拔尖人才脱颖而出。

创新是一项复杂的系统工程，高校在科研人才科研创新能力培养过程中，要充分发挥思想政治工作的优势，发挥其在培养科研人才创新能力方面的独特作用，利用第二课堂的广阔空间，学校和科研人才形成合力，使科研人才的科研创新能力得到增强和提高。

第四章　高校科研人才培养创新

一、培养什么样的科研人才

培养什么样的科研人才的问题是高校培养科研人才的核心问题。

目前，高校正处在培养科研人才转型期，培养需要进行理想的新的科研人才形象的设计，全面发展的内容也有变化。因为新的科研人才形象与过去的培养目标相比，在个体的认识状态、道德状态、心理状态和科研状态方面有显著区别。

就认识状态而言，要求科研人才有善于捕捉、组织和判断各种科研信息价值的能力；善于对自己的各种需要、态度、思维品质与策略、能力和开发、制造、创新行为等进行反思的能力；根据反思的结果进行调控的能力；主体的动态的、多元统一的综合思维能力和体悟科研与社会发展的能力。

就道德状态而言，要求科研人才在积极向上的人生价值观的指导下，形成热爱国家、热爱中华民族的崇高情感，具有社会公德和作为公民的责任感与义务感，成为既有理想和抱负，又能处理好个人与群体关系，愿为中华民族现代化事业做出贡献的未来新的科研人才。

就心理状态而言，要求科研人才自信、自强，有迎接挑战的勇气；有承受挫折、战胜危机的顽强意志；热爱科研，能在改变和完善外部世界的过程中，不断完善和超越自己。

就科研状态而言，要求科研人才具有丰富多彩的科研情趣、积极向上的科研意识和科研观念；具有感受科研、理解科研和鉴赏科研的能力；具有科研的评价、科研的想象和科研的开发和创造创新能力。

二、为什么要培养这样的科研人才

高校培养科研人才的价值观是为满足高校和国家、社会的需要而表现出来的对科研人才培养带有倾向性的科研态度和价值判断，是高校从事科研人才培养活动的定向标准。由于培养的价值观可以从培养国家的需要、社会的需要和个人的需要三个方面去考察，这样就演绎出了培养的科研本位价值、培养的个人价值和培养的社会价值。

（一）科研本位的教育价值观

科研本位培养价值观的依据是：科研是理性之源，为善之本。

为此，培养必须建立在科研的本质基础上，必须根据科研本身状况与逻辑联系来组织培养活动，而不是建立在科研人才的偏好、社会需求和科研人才的信念基础之上。科研本位培养价值观的本质是一阶段的学习为下一阶段学习做准备的充分程度；一项研究为另一项研究提供基础的坚实程度。

（二）社会本位的培养价值观

社会本位培养价值观，缘起于社会对培养的强烈需求。新时代以来，培养被广泛地要求应充分反映国家对科研人才的期望。这一培养价值观的本质在于满足社会或国家需要的程度，其表现是根据国家和社会需要判定培养目标，根据实现目标的程度组织和判断培养质量。

（三）培养本位的培养价值观

科研人才本位培养价值观，认为培养应该使科研人才成为名副其实的科研人才，而不只是为国家和社会提供人力资源。培养的价值就是有助于个性解放和成长经验，在于重视科研人才的存在。我们不应当把科研人才当作手段，而应当把科研人才的发展本身当作目的。这种观念的本质就在于培养促进科研人才身心发展的充分程度。

在现实培养中，高校怎样关照这三种价值的统一，建构科学的培养价值观呢？

培养是高校永恒的普遍的范畴，具有无限性；培养是历史的范畴，具有有限性；培养是高校特有的社会范畴，具有社会性。“全体”、“全面”和“全程”才真正体现了科研人才的需要、社会的需要和发展的需要统一，建立在这种统一基础上的培养价值观才是科学的培养价值观。

三、怎样看待培养中的科研人才

高校科研谁是培养的主体？自然是学校和科研人才，缺一不可。确认主体的目的主要是要尊重学校和科研人才的培养。首先，并不只有高校能成为培养的主体，假如高校没有把自己的职能发挥出来，它就不成其为主体；以前我们说谁是主体就往往把它绝对化，这不仅在理论上说不通，而且也伤害了培养中的自由。其次，高校的主体有个体主体、群体主体和类主体之区别，个体是存在于群体之中的，这就有了主体间性，主体间性主要讲的是不同个体之间的一种互动关系及由这种关系所组成的一个网络系统所产生的特性。最后，培养主体必须在培养实践中证明自己是主体。在实践中确证主体地位，意味着检验与被检验，所以高校科研人才的地位、权力和能力的确认都必须接受实践的检验。

四、与时俱进的科研观

进入新时代，科学技术的发展，创造了前所未有的科研成果，知识革命和科研革命对于培养科研人才的影响至少涉及以下三个方面。第一个方面，改变知识和科研结构体系，即扩大了传统知识和科研结构的内涵。按照有关专家的界定，当代人类知识和科研可以分为七类：关于事实和现象的知识和科研；关于规律和原理方面的知识和科研；关于技能和诀窍方面的知识和科研；关于人力资源方面的知识和科研；关于发展经济方面的知识和科研；关于科学发展方面的知识和科研；关于社会进步方面的知识和科研。许多研究知识和科研的专家普遍认为，当代知识和科研不外乎分为三类：一是可编撰的知识和科研，即显性知识和科研，指的是可以用符号、图像表示的知识和科研，也可以说是学科性、理论性知识和科研；二是可意会的知识和科研，即隐性知识和科研，指的是存在于人们行为和经验中的知识和科研，也可以说是经验性知识和科研；三是开发、制造、生产、服务国家、社会的知识和科研，即看得见、摸得着，能直接推动社会发展的工具，可以说是成功性的知识和科研。知识和科研结构的扩展必然会使培养内容和重点发生变化，培养观念自然也会有深刻的变革。第二个方面，知识和科研更新的速度加快，知识和科研总量急剧增加。现在有的科研人才，毕业时掌握的知识和科研到今时就有些部分已经陈旧了。知识和科研更新的速度不断加快，学校培养的重点要从传授知识和科研转变为着重培养能力，特别是研究能力、思维能力、开发、制造能力、创造创新能力，为终身学习打好基础。第三个方面，知识和科研转化为实际应用的周期缩短，知识和科研与实践的结合更加紧密，尤其是知识和科研更使科技与经济一体化发展，培养不仅应引导科研人才学习知识和科研，还要培养科研人才应用知识和科研的能力。

五、基于创新的科研人才观

不同的时代需要不同的科研人才，科研人才的标准和观念，总是随着时代的不同而相应变化的。当今时代的迅速变化既为科研人才成长提供了多种机会，也对科研人才素质提出了新的要求。同时，随着自然环境的变化，社会结构的演变，国家之间的竞争，人类进步的需要，因此，科研人才的类型更加多样化，社会对于科研人才的需要也带来了是多样化，科研人才的素质同样不断发生着变化，那种呆板的划一的科研人才标准和科研人才观念显然不能适应发展的需要了。

过去，高校习惯于把培养科研人才理解为学校按照自己的标准培养出来的人；又往往把科研业绩作为能否成才的主要标准，而科研业绩又以数量好坏为依据，势必把科研人才培养的重点放到这上面。事实上，这样的科研人才标准与社会实际需要的科研人才是有距离的。在科学技术和社会大变局的速度不断加快的现代社会，真正能成就一番事业的科研人才，是对新科研和新机遇能迅速做出反应，具有应变能力的人。以往，高校的科研人才培养脱离社会实际需要，已经成为一个普遍性问题，受到许多高校的共同关注。因此，科研人才观的创新，从根本上说，就是要顺应时代要求，高校再也不能用自己设定的“模子”去塑造科研人才，而是要为科研人才应对未来不断发生的变化做好准备。

杰出的科研人才的创造性智慧对高校发展的重要性从来没有也不可能像今天这样显示得淋漓尽致，它可能影响一个学校的发展。

杰出科研人才创造能量的超常释放，在新时代大变局时的表现，颇有些像原子能之于传统能源的表现。这是一个需要杰出创造性科研人才也产生了杰出创造性科研人才的历史时代，高校应以这样的科研人才为骄傲，为这样的科研人才脱颖而出创造条件。杰出创造性科研人才的出现是高校所希望的，但高校又不仅仅寄希望于这样的科研人才，更现实的则是对科研人才创新意识和创新能力的培养，是促进所有科研人才创造性能量的充分释放。

六、突出能力的质量观

高校传统培养科研人才是以学校为中心的，这种以学校为本位的培养在新时代迅猛发展，在培养从一次性向终身培养转变的背景下，已经不适应未来社会发展的需要了。这是因为：

• 现代科研发展的一个显著特点是，在高度分化基础上的高度综合。科研发展的这种趋势与现实，动摇了传统的高校培养的基础“学科中心”。

• 当今社会旧的科研浩如烟海，学不胜学，新的科研层出不穷，应接不暇。

• 大数据、信息化、新技术来后，使高校的科研方式和科研任务，已经和正在发生重大的变化，强灌强输已不是高校的主要任务。科研人才已不是他已记住了多少知识和科研方法，重要的是当他需要知识和科研时知道用什么手段、到哪里去获得知识和科研方法。

• 现在许多高校已把培养科研人才改革的着眼点放在了培养科研人才的能力开发、创造、创新上，实行了从以传授知识和科研方法为中心向以培养能力开发、创造、创新等为中心的转变。他们所要求的要素主要指实践能力、思维能力、观察能力、开发能力、创造创新能力。有些高校还提出了科研人才必须要有想象力和批判思维能力，尤其要有开拓进取和敢于冒险的能力。

高校向“以能力为中心的培养质量观”转变，并不否定知识和科研在高校培养科研人才过程中的基础地位和重要作用。在这里，需要强调指出的是：

• 科研是科研人才发展的基础，不是培养的终极目的，培养的根本目的是促进科研人才能力的发展；

• 高校是培养科研活动得以顺利进行的中介，科研活动的实施都是以蕴含其中的科研并以科研的内在逻辑结构为序组织起来的；

• 不同的科研具有不同的性质，因而在促进科研人才发展方面也具有不同的价值和实现方式。

第五章　高校科研人才创新培养

高校科研人才的培养是要以提高全面素质和创新能力为重点.深化培养体制和结构改革，全面推进素质培养。培养创新精神和实践能力，培养创新科研人才，成为当前高校科研人才培养的重点。但什么是创新？创新科研人才培养的本质与特征是什么？又如何实施创新培养？高校科研人才要全方位了解、探索、研究、创新。

一、什么是创新培养

随着“创新培养”的提出，各类高校纷纷从不同角度提出了自己对创新概念及其本质的认识。其中有代表性的观点是：有高校从创新培养科研人才的目标入手提出了这种观点：“创新培养科研人才是以培养科研人才的创新精神和创新能力为基本价值取向的培养。其核心是在认真做好本职科研工作的基础上，在实施素质培养的过程中，为了迎接新时代大变局的挑战，着重研究科研和解决科研创新意识、创新精神和创新能力的问题。”

又有高校认为：“所谓创新培养科研人才，是指依据社会主义现代化对科研人才的要求，有目的地培养科研人才的创新精神、创新能力和创新人格。简言之，创新培养是旨在培养创新性科研人才的培养。”

还有高校做出了这样的解释：“能够称之为科研人才创新的培养，应该是以科研人才创新能力和创新精神的培养为主的，以创造性思维或者说创新思维为桥梁的。也就是说，它是以科研人才培养创造性思维的激发为实施手段，以创新科研人才人格的养成为指向的。”

也有高校认为：“创新培养是旨在培养科研人才创新素质的培养，也可称为创新素质培养。”

更有高校认为：“创新培养就是培养科研人才在新领域更有新建树，更有新成就，更有新发展，勇于攀登新的科学高峰。”

上述内容揭示了创新培养的本质特征，但似乎还没有揭示创新培养所处的外部环境以及它与外部环境的关系。比如：创新培养与现实培养的关系是什么？或者说，创新培养提出的逻辑起点是什么？创新培养如何看待继承与创新的关系？创新是培养的本质属性。创新培养是高校当前创新改革潮流中的一种，还是高校的整体性转变？如果说创新是培养科研人才的创新素质的，那么科研人才的创新素质与其他素质是什么关系？科研人才的创新素质能否单独培养？创新培养的实施途径是什么？

上述一系列问题，都涉及高校理解和认识创新培养的核心问题，高校在对创新培养下定义时必须给予明确的回答。 将这些因素综合进去，从内部特征和外部环境以及内外联系的角度来全面定义，可以认为：创新以继承为基础，发展为目的，以培养创新性科研人才为基本价值取向。

二、创新培养的本质

（一）创新培养的基本价值取向

杨振宁教授曾说：“念书不应是学习的目的，而应是创造出新知识新体系的一个手段。”从这一意义上讲，创新是以培养创新性科研人才为基本价值取向的。

创新培养是以培养创新性科研人才为基本价值取向的培养，那么，何为创新性科研人才呢？西方学者曾对不同领域不同类型的杰出人才做过研究。

西方心理学者巴伦曾以不同领域的科学家为对象，连续进行过20年研究，他发现创新性科研人才具有共同的一些特质：高度的自我力量和情绪的稳定，独立自主的强烈需要，控制冲动的高水平，超常的智力，喜欢抽象的思维，对矛盾和障碍表现出极大的兴趣等等。

另一学者戴维斯1980年在第22届国际心理学大会上总结的创

造人格特质是："具有创造力的人，独立性强，自信心强，勇于冒风险，具有好奇心，有理想抱负，不轻信他人意见，对于复杂奇怪的事物感到一种魅力，而且有艺术上的审美观和幽默感，他们的兴趣既广泛又专一。"

我国高校也有相似的研究，如《中国当代名人成功素质报告》总结出的500余位名人的"创新人格特质"就包括：善于抓住机遇、深厚的功底、杰出的才华、坚定的信念、敬业精神、特殊个性、勇于承受压力、良好的人际关系、善于表现自己等等。

毫无疑问，创新性科研人才必须具备良好的创新素质。创新素质不是独立于科研人才的一般素质之外的素质，它是科研人才的综合素质的最高表现。从上述的研究综合起来看，创新科研人才素质应该包括以下四个方面：

一是创新知识。谈到创新素质，许多学者认为包括创新意识、创新能力和创新个性，很少有人谈到创新知识。其实，一个人创新能力的高低虽然与掌握的知识的多少并不成正比，但毕竟离不开一定的知识积累。当然，大家所说的"知识"是活的能够应用、能够创新的知识，而不是僵死的知识。人们把"知识"排除在创新素质结构之外，是把创新看作是独立于人的一般素质之外的特殊素质的观点的表现，其实，这种观点是站不住脚的。

二是创新精神。创新精神有广义与狭义之分。狭义的创新精神指科研人才不满足于现状、渴望变革、追求卓越的意识。广义的创新精神是指科研人才的一种价值取向，一种对待创新的态度。创新精神是科研人才创新的灵魂，主要包括好奇心、探究兴趣、求知欲、对新异事物的敏感、对真知和科研的执着追求等。具有强烈创新精神的科研人才总是拥有一种渴望认识世界的激情，拥有追求知识、追求发明、发现的强烈愿望。培养科研人才的创新精神，就是要培养一种不囿于既定现实、渴望变革、追求发展的观念；孕育一种热衷于发现、热衷于发明、热衷于超越的情结；形成一种以创新为荣、以创新为己任的价值取向；激发一种激荡于胸臆、喷薄欲出的巨大创新潜能。

三是创新能力。能力有单一能力与综合能力之分。单一能力指仅含有一种因素的能力，综合能力指由两种以上因素构成的能力。创新能力是一种综合能力，主要包括创新感知能力、创新想象能力、创新思维能力和创新实践能力。这是创新的本质力量之所在。

四是创新人格。主要包括独立、坚持、批判、挑战、进取、合作等个性特征，拥有能经受挫折、失败的良好心态，以及坚忍不拔的性格。

（二）创新培养是由接受创新发展而来

创新不是从天上掉下来的，是深深植根于高校现实创新土壤的。

如今，创新的发生背景发生了巨大的变化，而高校科研创新的面貌和图景尚未发生根本性的变革。可以发现其科研人才培养工作方式或有变化，但创新不足，仍更多地维持着传统的框架。在这种情况下，发展创新就成了当前紧迫的任务，尤其是培养科研人才的紧迫任务。

从科研人才培养创新与现实的关系看，科研人才培养创新是由接受创新发展而来的，是对接受创新的扬弃。所谓接受创新，是以学习和掌握科研人才培养几千年来积累起来的丰富的文明成果为目的创新，是一种面向过去的、以继承为主的知识和科研的培养；科研人才培养创新是由接受创新发展而来的，是一种面向未来的、以继承为主的基础，以创新为目的，继承与发展相统一的创新。过去的科研人才培养创新过多强调创新的接受性、继承性功能。这种单一的以继承为主要价值取向的创新已经不能适应未来科研人才对创新的需要了。但是，必须明确，科研人才培养创新不是对接受创新的否定，而是对接受创新的继承与发展。一方面科研人才培养创新继承了接受创新在长期的创新实践中积累起来的系统传授文化科学知识的丰富经验和有效做法，另一方面科研人才培养创新又克服了接受创新忽视能力培养特别是创新能力培养的弊端。

高校科研人才培养创新所追求的是一种面向未来的，以促进科研人才发展为中心的新的创新模式。从旧的接受性创新范式向新的创新性范式的转变，需要一个长期的历史过程。这种转变包括三个层面：一是创新文化的构建。创新的建立，离不开科学、民主的环境和思想。二是创新制度的构建。创新的建立，离不开制度的创新，必须改革僵化、保守、阻碍创新性科研人才脱颖而出的各种制度。三是创新操作体系的构建。创新的建立，离不开创新内容、方法、手段的创新，陈旧、落后的内容、方法、手段必须改革。因此，必须树立创新大视野，对现行科研人才培养创新观念、体系、评价模式等进行根本的改造，实现创新的新生。总之，创新是对接受创新的扬弃，是接受创新发展到新阶段的产物。

有专家指出，创新是为未来经济社会和科研做准备的。要准备未来的科研，适应社会发展的需要，就需在原有经验的基础上有所创新、有所发展。还有专家指出“创新就是经验的改造”。这里的“经验”并不能简单地认为是主观唯心主义的先验的东西，而是人类历代知识和科研的结晶。人类就是通过对原有经验的改造，而不断地实现创新和发展的。因此创新必须在传承中华文化中起到扬弃的作用。

传统创新的基本功能是继承人类社会几千年来所积累的文化科学知识和社会伦理道德、文化传统等，所培养的是一种具有适应性的人。这种创新已经不适应当今社会特别是新时代大变局对人的素质的要求了。创新不是对现实社会的被动适应，创新还有超越现实社会的功能。高校对科研人才培养创新应赋予科研人才以现实的规定性，是为了否定这种规定性，超越这种规定性。一切现实的规定性，只能是规定科研人才的现在，而不要去决定他的未来。理想的创新并不是要以各种现实的规定性去束缚科研人才、限制科研人才，而是要使科研人才从现实性看到各种发展的可能性，并善于将可能转化为现实性；它要使科研人才树立起发展与超越现实的理想，并善于将理想赋之于现实，培养一种理想与现实相统一的科研人才，超越意识与超越能力相统一的科研人才，这才是创新之要义。

因此，创新只有将创新的继承性功能与发展性功能统一起来，才能培养出未来社会所需要的创新性科研人才。把创新的继承性与发展性功能统一起来，是创新在新的时代背景下对科研人才培养创新的复归。

由此可见，创新丝毫没有否定知识和科研的传授，而是要求在知识和科研传授的基础上，重视和加强对创新能力的培养。

（三）创新性科研人才的培养离不开创新性活动

因为人的心灵深处都有一种根深蒂固的需要，这就是希望感到自己是一个传承者、发现者、研究者、探索者、开发者、创造者。创新的价值就在于通过创新性活动，培养科研人才的创新素质，使科研人才从创新走向创新的人生。

进入新时代，高校有许多创新改革、创新革新的要求和口号，如创新现代化、素质创新、理论创新、科技创新、知识创新等等，传播、流行起来十分迅速和广泛，但对创新行为和创新实践活动几乎没有产生多少影响。可以说，创新行为和创新实践活动依然故我。之所以出现这种现象，是因为传统创新理念和行为经过代代传习，已经形成了具有超稳定结构的经验系统，不少高校往往用传统培养的理念去理解和解释这些创新改革的要求和口号，把创新改革的要求和口号“同化”到原有的认知结构之中。这说明，要把这些长期形成的“接受性行为”转变为“创新性创新行为”，需要我们付出长期的努力。

三、创新的特征

所谓事物的特征，也即一事物与他事物的联系与区别。要科学地认识和把握事物的本质特征。就必须找到认识事物特征的逻辑起点。如前所述，高校人才培养创新是由接受创新发展而来的，高校人才培养创新的特征是与接受创新相比较而言的，离开对接受创新特征的把握和认识，就不可能真正地把握高校人才培养创新的特征。与接受创新相比，高校人才培养创新具有如下五个方面的基本特征。

（一）新时代对大变局的要求是创新的时代特征

进入新时代，人类社会将逐步进入知识和科研经济时代。创新是知识和科研经济的本质，是时代精神的体现，是衡量一个国家和民族综合实力和竞争力的根本因素。适应新时代和知识和科研经济时代的科研人才，必须具备较强的创新精神和创新能力。高校必须未雨绸缪，为知识和科研经济时代的早日到来准备科研人才储备。实施创新，培养创新科研人才，这是高校创新发展的必然抉择。

（二）以培育创新能力为中心是创新的本质特征

接受创新是以知识和科研为中心的创新。“知识就是力量”是接受创新的名言，也是接受创新价值观的集中体现。长期以来，创新内容的相对稳定，为以知识和科研为中心的接受创新的存在提供了社会基础。与此相适应，接受创新形成了一套完整的以系统地掌握知识和科研为目的的体系：在创新目标上，要求继承和维持前人总结的知识和科研的经验，其核心是掌握“双基”，即基础知识、基础研究、基本技能；在创新思想观念上，要求“唯书、唯上、唯师”，凡是书本上记的、上级领导或学术权威说的和教师讲的，都认为天经地义是正确的，都不允许怀疑，凡是善于求异，敢于发表不同见解的都被视为不务正业；在方法上，自然就是灌输和传授，只能听、记和模仿，其指导思想就是通过听和记及大量模仿性应用，达到理解和掌握知识的目的。传统的以知识和科研为本位的“接受创新”在科学技术迅猛发展、新时代大变局的创新从一次性创新向终身创新转变的背景下，已经不适应未来高校人才培养发展的需要了。

世界许多国家已把创新改革的着眼点放在了培养科研人的能力上。日本文部省特别科学委员会强调在创新培养目标中要突出健康的个性和独立能力。俄罗斯对创新培养目标强调创造性和应变能力，并认识到过去的创新体系“生产”了许多没有主动性的“螺丝钉”。在我国也强调：素质创新要以培养科研人才的创新精神和实践能力为重点，重视培养科研人才收集处理信息的能力、获取新知识和科研开发创造创新的能力、分析和解决问题的能力、语言文字表达能力以及团结协作和科研的能力；培养科研人才坚忍不拔的意志、艰苦奋斗的精神，增强适应社会发展的能力等。

（三）以开发科研人才的“潜能”为理论基础

接受创新是以科研人才大脑的“仓库理论”为其理论基础的。“仓库理论”认为“脑子是储存事实的仓库”，创新就是用知识和科研去填满“仓库”，创新就是获取知识和科研，知道的事实越多，掌握的知识和科研越多，则越有学问。因此，“仓库理论”十分重视记忆，因为记忆是积累知识和科研的最佳方法。

但这种“仓库理论”已经不适应新时代的需要了。首先，把科研人才的大脑仅仅视为“储存事实的仓库”的观点是片面的。国外心理学家的研究表明，大脑有四个功能区域：一是从外部世界接受感觉的感受区，二是将这些感觉进行收集整理的贮存区，三是评价收到的新信息的判断区，四是按新的方式把已有的知识和科研新信息结合起来的想象区。由此可见，贮存功能仅是大脑功能的一部分。如果仅把大脑视为“储存事实的仓库”，一味追求知识和科研量的容器，将会造成大脑功能发展的不平衡性，助长呆读死记的风气。

其次，新知识新科技的巨流如排山倒海般地涌来，使大脑这个“仓库”来不及包容如此巨量的信息。据德国学者哈根·拜因豪尔统计，“今天一个科学家，即使日以继夜地工作，也只能阅览有关他自己这个专业世界上的全部出版物的5%”。

第三，更为重要的是未来的新时代大变局需要的是更富有智慧的科研人才。爱因斯坦曾经说过：“想象力比知识更重要，因为知识是有限的，而想象力概括着世界上的一切，推动着进步，并且是知识进化的源泉。”日本学者川上正光认为：“知识，百科全书可以代替，可是考虑出的新思想、新方案，却是任何东西也代表不了的。”更何况，如今现代化的设备和手段，已使人们获得知识和科研信息变得十分方便和快捷。

在这种情况下，如何开发出人脑的“潜能”就成为当前创新的重要任务之一，也是创新区别于传统的以知识和科研传授为基本手段和目标的接受式创新的重要特征之一。

（四）评估模式多元化是创新管理创新的表现

科研人才是具有差异性的个体。这种差异性表现在科研人才的智慧类型、学习速度、个性特征等各个方面。科研人才的发展是各具特色、丰富多彩的，高校没有权力去干预科研人才智慧和才能发展的方向。传统创新评价和管理的弊端集中表现在用“一把尺子”来评价和管理所有的科研人才，它不适应科研人才各怀差异和潜能差异的需要，不利于面向科研人才开发和培养科研人才的创新素质。创新要改革“统一化”的创新评价模式，建立多元化的创新评价和管理模式，为创新科研人才的成长和大量涌现提供民主、和谐、宽松的创新环境。在这里，创新主张评价和管理科研人才要看科研人才的全面素质和全面发展水平，评价和管理科研人才既要看科研人才的专业、研究、开发、创造成绩，也要看科研人才德、智、体、美、劳等方面的发展，更要看科研人才的特长发展等。

所谓多元化评价和管理模式，就是高校在评价和管理科研人才时，要打破用统一的标准来评价和管理所有的科研人才，建立适合科研人才个性发展的评价和管理模式。

第六章 高校人才培养制度创新

制度，更规范地说，它是为决定人们的相互关系而人为设定的一些制约。所谓制度创新，就是冲突陈旧体制的束缚，在体制上实现破旧立新，以优化社会资源的配置。较为成熟的制度，经济学的观点认为应是一种特定组织行为的变化，这一组织与其环境之间的相互关系变化，在一种组织的环境中支配行为与相互关系的规则的变化。人才制度是一个国家各种培养机构的体系，它通常分为三个层次：一是培养根本制度，主要指方针政策；二是培养基本制度，包括培养体制、各种培养政策、法律与法规等；三是培养具体制度，指各种具体的培养行为规范、办事程序和运作机制，如培养管理制度、评价制度等。

一、培养制度创新的整体建构

（一）制度创新的原则

公平性原则。公平性原则是高校制度创新的出发点和落脚点，是制度创新进程中必须始终贯彻的一个重要原则。高校发展的本质是培养人才，推动国家和社会全面进步，实现国家、社会、高校和学生的根本利益最大化。所以，高校在培养科研人才发展方面的一切制度创新，都要切实体现为全体科研人才服务。

效率性原则。效率性原则是进行制度创新的杠杆。高校最大最基本的是在用有限的资源培养着顶尖的科研人才，开发国家、社会规模最大的人力资源。这就决定了在培养科研人才的微观层面上必须把效率性原则摆在突出的地位，提高培养科研人才资源配置和资源使用等各个方面的效率。为此，就要努力消除一切制度导致的延误、浪费。

竞争性原则。促进规范化的竞争是制度创新的本质问题，也是制度创新的伟大目标。思想创新、走出传统，制定选择具有竞争性的制度，是高校释放各方面积极性，提高资源使用效率的关键。

开放性原则。制度的开放性，是高校保持培养科研人才体系活力和持续发展的一个基本前提。创建学习和研究型社会，现有培养体系必须对社会开放，对外向世界开放，必须在观念、思想上先行开放；发挥大胆尝试、主动探索精神；必须鼓励多种形式、多样化的发展。

（二）制度创新的基本框架

高校在提出制度创新的价值取向和基本目标的同时，重点是从关系全局的方向上构建制度的基本框架。

1. 制度创新的价值取向

——有利于实现科研人才培养与社会的协调发展；

——有利于保障科研人才培养权利的全面实现；

——有利于促进科研人才培养有序竞争和提高人力资源的配置效率；

2. 制度创新的基本目标

——有利于调动社会对科研人才培养资源的供给。

高校通过全面而持续的，既有国家统一的法理依据，又有鲜明学校特点的制度构建，实现制度创新的基本目标：

——适当加快国家和高校科研人才培养相关法律法规制定进程以及国家、地方、高校的科研人才培养相关法规、行政规章的建设进程，形成有利于调动高校科研人才培养资源、加快科研人才培养事业的发展，建设人力资源强校的科研人才培养制度规范新体系。

——形成政府宏观职能完善和依法分级管理，高校自治结构健全和依法自主培养，高校依法参与科研人才培养的管理新体制和运行新机制。

——形成国家培养和高校培养共同发展，呈现多模式、多类型、多元化发展特征的充满活力面向未来的科研人才培养事业发展新体系。

3. 重构科研人才培养与人力资源开发公共治理结构

高校科研人才制度创新的首要任务，就是要重建科研人才培养发展的公共治理结构，使之能够适应新时代大变局进程中科研人才培养发展的新情况、新任务，规范、保障、激励学习科研型社会中不同参与主体的行为。重建科研人才培养公共治理结构的核心是明确新时代大变局条件下的高校的定位，解决高校自身宏观管理的原则、规范、权责、程序等问题。良好的公共治理要能够体现公开、透明、效率、激励等原则。

重构高校科研人才培养公共治理结构的首要任务是界定高校权限并处理好政府和社会、市场等之间的关系，努力实现从已有模式向新模式的转换。高校应建立属于核心地位的科研人才培养统筹机构，使高校对发展科研人才培养的第一责任落到实处。高校科研人才培养可实行中央宏观调控，以省级政府为主的统筹管理体制，高校重点参与机制，由省级政府根据本省发展情况，确定适合省情的发展目标、发展策略以及措施和途径，实行事权与财权相统一。政府成为秩序的提供者和行为的监管者，这是实行有效公共治理的一个重要环节。

4. 构建现代高校科研人才培养制度

构建高校科研人才培养财政制度的根本目的是扩大政府对公共领域和公共事务的投入，提高有限资源的配置与使用效益，在加强省级政府统筹管理的体制下，加大扶持力度，加大对高校科研人才培养的投资力度，真正体现高校科研人才的重要性。

调整高校科研人才培养财政支出结构，明确对科研人才培养的基本责任。按照现代科研人才培养功能分化原则，应区分政府在科研人才培养阶段与其他类别培养阶段的不同角色属性和不同的责任。

应当逐步实行免收培养费，政府应当负起越来越大的责任乃至最终接近全额资助，也可以政府资助和高校成本分担相结合的方式。

——按照国家和高校事权、财权的划分，以高校投入为主的原则，具体执行方式由高校根据情况而定，建立保障科研人才培养投入和管理机制。对高校培养科研人才培养的管理，高校应加大监测和管理。

——政府应加大对困难的高校的财政支持力度，在增加对“社会软件”支出的基础上，依法针对特定高校，制订相关标准，建立依法规范的财政投资制度。鉴于高校发展的不平衡，政府也要加大财政支付力度，增加对落后高校的资助力度。

5. 建立和完善高校科研人才培养的法律法规保障体系

利用法律手段调整高校科研人才培养领域中新型的社会关系，在法律的制定和法律实施过程中需要把握以下几点，作为健全科研人才培养法律法规保障体系的基本出发点。

——市场介入。应调整现行法律中有关科研人才培养营利性问题的有关规定，给民间资本进入高校科研人才培养领域以更大的政策空间。积极规范高校科研人才培养领域中的市场行为。应区别营利性法人和非营利性法人，对高校实施分类管理，通过税收制度对高校的营利性行为进行规范。

——社会参与。应建立社会参与的途径和机制，建立完善的法人治理结构，广纳群言，参与高校科研人才培养管理和监督。

——高校自主。应明确规定高校的法律地位，高校形成独立自主的培养实体。同时应明确区分并规范高校的行为，保证高校公益性的实现，使高校依法培养科研人才，政府依法行政，社会依法参与，形成良好的培养秩序。

——完善法律法规保障体系。应当进一步完善科研人才培养法律体系，实现依法培养。贯彻落实法规；要清理、调整、完善现有科研人才培养法律体系，加强法律之间的配套。在完善基本法律的前提下，完善相关的实施细则和行政法规。同时，应当加强程序立法，提高法律实施的可操作性。高校应加强自行制度的制定。通过高校法规的制定和完善，推进法律体系的完善，促进科研人才培养的发展。

6. 建立现代高校科研人才培养制度

高校建立现代科研人才培养制度，其目的在于增强高校自我约束、自我完善、自我发展的能力，使高校面向社会和市场依法自主培养科研人才，主动满足国家和社会经济发展及人民群众对科研人才的需求。

二、培养制度创新的推进方略

高校在科研人才培养发展的重大变局时期，由于既有的科研人才培养价值观念会在不同程度上失去其存在的合理性，由于既有的科研人才培养体制本身会在不同程度上失去其权威性，因而，既有的科研人才培养制度是必须要创新的。现在的问题是，这个创新过程同时亦是两种不同的培养制度的转换、取代的过程。在这个转换、取代过程中，将可能出现培养无序、失范现象，如何使这个过程中的科研人才培养无序、失范现象减至最少？最好的办法就是寻求合理的科研人才培养制度创新推进方略。

（一）政府主导的培养制度创新

高校科研人才的培养改革深化固然受培养制度创新需求的影响，但在更大程度上受制于权力中心在既定的政治经济秩序下提供新的科研人才培养制度安排的能力和意愿。

政府主导的科研人才培养制度创新实际上是一种供给主导型科研人才培养制度创新，即在一定的宪法秩序和行为的伦理道德规范下，权力中心提供新的科研人才培养制度安排的能力和意愿，是决定科研人才培养制度能否被创新的主导因素，而这种能力和意愿主要取决于一个社会的各既得利益集团的权力或力量对比。政府主导型的高校科研人才培养制度创新的特点如下：第一，在政府主体与高校主体参与科研人才培养制度安排的社会博弈中，由于政府主体在政治力量对比与科研人才培养资源配置权力上均处于优势地位，所以政府主体是决定科研人才培养制度供给的方向、速度、形式、战略安排的主导力量。第二，政府主体是由一个权力中心和层层隶属的行政系列构成的，由权力中心确定的新的科研人才培养制度主要是通过高校科研人才培养贯彻实施的。第三，由于目标函盖与约束条件的差异，政府主体与高校主体针对某一新的科研人才培养制度安排的成本与收益的预期值是不一致的。这就很难避免高校主体对科研人才培养制度创新的需求与政府主体对科研人才培养制度创新的供给的差异。由政府主体安排的科研人才培养制度创新越是与高校主体对科研人才培养制度创新的需求相适应，相互摩擦就越小，科研人才培养改革就越顺利。如果受到高校主体普遍赞同的科研人才培养制度创新与政府主体目标函盖或利益结构相冲突而难以出台，那么只有在改变政治力量对比和调整利益结构的前提下才能增加科研人才培养制度供给。第四，科研人才培养制度安排实行比较严格的“进入许可证”，即高校主体只有经政府主体的批准才能从事科研人才培养。

随着逐步完善，政府科研人才培养制度创新主要政府部门和高校的角色都在发生变化，政府的作用在逐渐下降，高校的作用相对提高。这不仅因为由政府提出的重大科研人才培养改革措施必须由高校执行，而且因为高校在深化高校改革和制定政策过程中对政府的影响越来越大。首先，随着以政府管理、分工负责，在宏观政策指导下以政府统筹协调为主的新体制的建立，高校在科研人才培养制度创新中的作用日益加强。政府逐步由对科研人才培养的直接全面控制转向宏观调控，而科研人才培养也逐渐由政府的执行者转向对高校科研人才培养发展承担越来越直接、重要的责任，高校拥有的物质基础越来越雄厚，享有的政策空间也越来越大。在事关全局性的科研人才培养制度创新事务上，政府应该保持足够的能力和影响力，使自己能够在科研人才培养事务方面具有主导作用，能够用政治、法律、拨款的强制力和诱导力来调节高校的理性行为，从而发挥高校在科研人才培养制度创新方面的积极性。

（二）高校与科研人才培养制度创新

“自我发展、自我约束”运行机制的确立，为高校科研人才培养制度创新的产生提供了条件。以前的高校科研人才培养制度制定权的高度集中，直接导致了两种后果：一是在科研人才培养制度的正式制定中信息大量失缺和扭曲，通过正式程序制定的科研人才培养制度常常是粗线条的，需要高校在执行中细化和具体化；二是高校科研人才培养制度的有效监督执行成本很高，使政府难以判断和约束高校的自主行动范围。高校科研人才培养制度与社会认知的规范间存有一定的差距，差距越大，高校科研人才培养制度执行中面临的阻力越大，从而制度创新产生的可能性越大。而此种差距，取决于高校科研人才培养制度的制定规则和程序。如果高校科研人才培养制度的制定没有或缺乏保障广大教职员工意见表达的规则程序，那么便很难保证高校科研人才培养制度和社会认知的规则间最大限度的吻合。

制度创新过程中，高校具有双重身份。一方面，他们是正式的科研人才培养制度的高校；另一方面，他们又是创新的准正式制度的高校。他们的这种双重身份是由决定其地位和利益的双重力量赋予的：一方面，他们接受正式的科研人才培养制度制定者的任命或委托，必须对之负责；另一方面，他们的地位和利益又和他们所管理的高校的运行与发展状况有密切的关系，这就促使他们成为高校的特殊利益的代言人，他们必须在二者之间寻求平衡。制度创新就是力求实现这种平衡的一种手段。

（三）科研人才培养制度创新

当通过政府主导型的高校自主的科研人才培养制度创新，为高校科研人才培养现代化建设提供了一个适合于现代化科研人才培养的合理的科研人才培养制度框架与科研人才培养价值规范。

高校科研人才培养制度对个体理性选择行为进行限制，科研人才培养实践者的选择也对科研人才培养制度产生影响。科研人才培养制度对培训实践者的作用主要表现在对实践者偏好形成及理性选择行为的限制，而学校对科研人才培养制度的作用具体表现为他们的活动结果促使旧的科研人才培养制度变迁或一种新的科研人才培养制度的形成。因此，要充分了解科研人才培养制度，单了解培训制度对个体科研人才培养实践活动限制的一面是不够的，还要了解个体培训实践活动如何改变、创新了科研人才培养制度。如果说确定了的科研人才培养制度更多地表现为科研人才培养制度对个体科研人才培养实践活动的影响和限制的话，那么，在科研人才培养制度创新过程中则更多地表现为个体选择、理性学习对科研人才培养制度的影响。

高校科研人才培养实践中的这种科研人才培养制度创新供给过程，就是科研人才理性学习累积进步的过程。科研人才理性学习的过程形成了科研人才培养制度演变的轨迹；科研人才培养从无序到有序（包括规则）的过程实际上就是科研人才培养制度形成的过程。科研人才的理性学习累积进步过程发生在个体与学校、社会三个层面上。理性学习累积进步的机制首先是通过一个个现实个体进行的，普通个体的日常生活学习培养实践为培训制度创新提供了不竭的源头与养料。其实，在整个科研人才培养制度的变迁、创新过程中，大多数科研人才更多是在“边干边学”，许多规则、习惯及其制度都是学习的结果，学习与制度实际上是相互联系、相互促进的一种关系。制度、规则是科研人才不断地试错、学习的结果；反过来，有效的制度又鼓励科研人才不断学习。高校的科研人才培养制度变迁就是一个生动的写照。第一，高校科研人才培养就经历了一个不断探索、不断学习地“试错法”和“边干边学”过程。采用实验、试点的方法，取得实际经验，然后再逐步推广或扩散，循序渐进地促进科研人才培养体制的转变。第二，维持科研人才培养秩序等市场经济体制下的知识、科研和经验。第三，高校对如何使科研人才培养适应新时代大变局、克服不确定因素、降低各种风险、建立新型科研人才培养组织结构、调整专业设置、吸纳新知识充实培养内容、改进科研人才培养管理方法等知识、科研与经验进行了不断学习。第四，所有的科研人才培养教师需要逐步适应新的科研人才培养制度环境，逐渐熟悉科研人才培养利用法律保护个人的合法权益。这一切都需要花费相当多的时间，也都需要经历必要的学习过程和认识过程。这就决定受各类人力资产变化约束的科研人才培养改革必然是“渐进”的，科研人才培养制度变迁必然是不断地“试错”和“边干边学”的，科研人才培养改革的结果必然是“量变引起质变”。第五，许多高校由于其特殊的经历、思想、能力、志向、理想，能够最先敏锐感觉到在培养中的自身变化及其发展方向，他们将这种自身在科研人才培养实践中所学习到的东西升华、系统化为一种新的世界观与培训价值理想，并将这种发展方向和理想、世界观以及科研人才培养制度推向新的高度。因此，高校在科研人才培养实践中所创造且适合于科研人才培养健康发展的科研人才培养制度创新应进行提炼、总结，以便具有普遍性的意义。

在发挥高校科研人才培养制度创新的积极性、主动性的同时，也应大力发挥少数杰出教师在科研人才培养制度创新中的作用。高校是由教师组成的，高校活力的源泉不应是作为整体的高校本身，而是一个个现实的个人，在一定意义上可以说，创造性的活动总是首先由少数杰出教师完成的。在高校结构、科研人才培养结构转型时期，杰出教师的历史作用表现得尤为突出。当然，这是顺应了历史趋势，但是如果没有顶尖优秀教师的出现和铁腕推进，历史很可能拐到别处去。正是这种新的世界观、科研人才培养价值理想，自觉表达了新的培养方式的发展方向与基本原则，并转化为一种推动科研人才培养进步的精神力量，因而它成为新的科研人才培养的引领者。然而，科研人才培养观念中的科研人才培养理想、科研人才培养价值要改变既有的同一性，就必须变为一种现实的物质力量，化为高校的科研人才培养行为，指导高校科研人才培养实践；就必须使科研人才培养观念中的理性结构实证化，使已经在世界观中发展起来的理性结构体现在新的科研人才培养体制、科研人才培养制度中；就必须通过具体的科研人才培养制度安排，为培训提供作为一切活动条件和背景的行为框架，给科研人才培养科研具体赋值，从而使得科研人才培养活动、科研人才培养行为本身理性化，合乎新的科研人才培养科研世界之要求。

（四）辐射式的科研人才培养制度创新

以科研人才培养组织为中心的创新，应注意向周边辐射以达到科研人才培养制度创新的整体效应。

着眼于科研人才培养组织行为制度的创新。这是高校科研人才培养制度创新的第一也是最根本的层次。科研人才培养作为一个组织系统，其行为的改变对于科研人才培养空间的拓展是首要的。例如，高校内部管理体制的创新、干部人事制度的创新、人才培养计划的创新、培训大纲的创新、培训方法的创新、培训环境设计的创新、实验基地硬件、软件建设创新、科研成果开发、创造创新、后勤管理体制的创新等，是高校整体科研人才培养创新的制度基础。

着眼于科研人才培养组织与环境之间的相互关系的科研人才培养组织系统与外部社会系统的关系，是进入新时代高校科研人才培养体制改革与创新的重点之一。由于计划经济的惯性，高校的科研人才培养组织与其环境之间的相互关系，一定程度制约着科研人才培养的空间。改变现有高校科研人才培养体制和培训结构，实现多种形式的社会力量参与培养，它既是实施进一步科研人才培养制度创新的条件，又是高校不断探索科研人才培养制度与运行机制创新的准则。可以预期，随着实施对培养制度的不断创新，高校科研人才培养发展的空间会更加开阔。

着眼于科研人才培养组织的环境中支配行为与相互关系的规则的创新。高校权力问题是这个层面的体制改革和制度创新的核心。由于多种的原因，高校的自主培养一直没有到位。管理体制改革的关键是，减少所有层次管理培养的公共机构，逐步把权力放给高校，面向外部市场需求克服科研人才培养资源低效现象。在科研人才培养制度创新的政策选择上，高校还必须关注制度创新的成本问题。例如前些年出现的校社合作培养风潮，固然出现不少优势互补、资源共享的制度创新新硕果，但是合作的成本之高也令许多高校步履维艰。

三、培养制度创新的具体措施

按照新时代科研人才的培养战略目标、战略构想和制度创新，针对国家伟大复兴关注的科研人才培养的紧迫问题，高校应加强以下具体举措，以此推进整个科研人才培养制度创新。

（一）成立决策审议机构

高校科研人才开发涉多个领域和学科，在战略规划、决策制定、审议实施等方面需要更多地进行统筹协调与整合。为确保“第一目标”的实现，建议成立决策审议委员会，进一步扩大多种科研人才培养职能，行使决策审议委员会的职能，使决策科学化、程序化、制度化。

科研人才培养决策审议委员会的主要职责和培养任务：

——加强科研人才培养宏观管理，统筹协调培养、科技、经济、工业、农业、人事、劳动与就业、财政、计划、税收等部门的关系，制定科研人才培养中长期战略与发展规划，并监管其实施；

——保证科研人才培养的战略性投资布局的调整到位，科学确立各领域、各学科、各项目、各课题等的投资支出重点，保证经费的稳定性和可持续增长；

——协助政府确定各相应职能和分工合作的权项，建立为科研人才培养统筹服务的运行机构和法律保障机制；

——制定指导科研人才培养的标准和实施保障规范。

决策审议委员会每年将召开科研人才培养工作审议会议，研究科研人才培养战略与实施问题，并提交讨论审议有关发展与改革报告。高校应该授权决策审议委员会对各院系科研人才培养实施工作进行监督评议，督促各院系将发展科研人才培养的第一责任落到实处。

（二）实行政府统筹科研人才培养管理体制

为了更好地培养科研人才，根据新时代的要求，建议加大改革力度，对现有高校科研人才培养管理体制做出重大调整，实现政府统筹管理为主，继续推进与完善高校自主培养决策，确立经费保障机制和均衡发展机制，进一步推进高校发展策略。政府在此框架下，可按照高校自行调整管理体制。

政府运用各种调节手段，保障与支持高校科研人才培养的均衡发展。在重新调整政府与税制改革和增加高校财政税收基数的基础上，建立政府和高校两级责任分担，以高校为主的公共财政责任体系，以及实行由政府统筹管理体制后，政府将按照高校发展状况和其他特殊因素，通过加大政府转移支付和政府采购项目等专项财政支出政策，保障开发平台，整合高校科研人才培养资源，高校科研人才培养要本着有所为、有所不为的原则开发，针对科研人才培养发展的实际，确立高校科研人才培养发展和人力资源开发的重点；要将有关的支持高校科研人才培养的工程和项目进行整合，扭转目前存在的力量分散、各自为政、缺乏重点的状况；要加快高校科研人才培养的进程，提高科研人才的素质；加强高校科研人才培养的发展，为高校提供本土化的高层次科研人才和高素质的创新科研人才。

（三）建立和完善以能力为本的培养制度

新时代是知识经济社会、知识要素、能力要素成为经济发展与社会进步最关键的要素的时代。高校越来越意识到学习能力、科研能力和创造、创新、开发能力是高校科研人才培养生存发展的立校之本。为了提高科研人才培养的发展能力，建立与市场经济体制相适应的科研人才培养、选拔、评价、竞争、激励机制，是高校培养科研人才的必然选择和客观要求。

1. 建立完善各种培养与人力资源开发保障制度

现在，国家需要的科研人才越来越多，高校的任务也越来越重，尤其科研人才的培养摆上了议事日程，因此，以市场需求为导向，积极创造科研人才施展才干的天地，已成为新时期高校的当务之急，而建立和完善各类科研人才培养制度更是刻不容缓。所以，高校必须在发改委、科委、劳动和社会保障部、教育部等国家有关部门现有制度框架基础上，必须突出重点，加大力度，切实解决当前和今后一段时期人力资源开发与科研人才培养的突出问题。

2. 坚持继续教育培养制度

高校要在当地政府的组织领导下，充分利用现有科研人才培养资源，针对现有的科研人才进行继续教育。在培养方式上，应坚持政府和高校培养并举，切实增强培养的针对性和实用性。

（四）重建知识创新和科研科技创新能力体系

我国目前的整个知识体系中，高校在科研人才培养方面存在各自为政、重复设置、缺乏协调的现象，形成培养与科研割裂的二元体制。这样的体制一方面浪费了国家的有限宝贵资源，降低了使用效率；另一方面浪费了高校科研人才的智力，阻碍了知识和科研的传播和创新。因此，为了全面提升科研人才培养创新能力，为全面创建学习研究型社会奠定坚实基础，重组创新体系势在必行。

——为进一步整合高校科研创新人才资源，应逐步创造条件，将有条件的高校统筹合并，优先在科研人才培养综合改革实验区开展整合现有科研人才培养体系试点，为全面铺开此项工作探索有效途径。

——从事应用研究和开发的高校应与有关学校结合（包括合并或结盟），有条件的可成为公司性质的培养机构，使研究与开发一开始就面向市场，尽快实现科研人才培养早出成果，出好成果。

——强化科学研究基金会对高校科研人才培养项目的管理，建立完善的科研人才培养项目评估、立项、监督指标体系，采取公开招标形式确定项目承担者，全面实行课题制和课题负责人负责制，并赋予课题负责人更大的自主权。

（五）构建科研人才培养指标体系平台

将科研人才培养创新纳入建立学习研究型社会的整体规划之中，建立一套科学的具有指导实践意义的科研人才培养指标体系，并进行长期、动态、持续的监控研究，这将有助于政府通过经济、法律等管理手段对高校科研人才培养进行宏观管理与战略调控，有利于满足社会经济行业、行政行业等对科研人才培养的信息咨询等多方面的需求，有利于与高校和各行各业进行交流和合作研究，以更好地促进高校科研人才培养持续健康发展。

1. 项目目标

——争取在新时代开局之时，集中高校科研人才培养研究领域最有基础的机构，旨在推广应用的，为政府宏观决策和社会经济部门提供咨询服务的科研人才培养测评项目工程，作为政府宏观管理决策的支持服务系统。

2. 具体目标

——构建具有描述、分析、测评功能的高校科研人才培养发展水平及其与经济社会发展协调的指标体系；

——在此基础上建立开放的、与国际接轨的、内容不断丰富和更新的高校科研人才培养数据库；

——建立具有分析、测评、咨询功能的、可以支持高校决策的分布式决策支持系统；

——建立高校科研人才研究、实验、开化、创造、创新体系；

——建立高校科研成果服务国家、社会体系。

3. 主要功能

——为政府决策和高校管理提供咨询和信息支持；

——为政府、部门、各业科研人才培养与人力资源开发提供政策咨询和信息服务；

——为行政行业、经济行业、跨国企业和组织的人力资源开发提供人才和相关必要的咨询服务。

第七章　高校科研人才队伍建设创新

高校是科研人才队伍建设创新的主体，是培养创新型人才的关键。实践证明，素质培养不是单一方法的改革，而是一项涉及培养领域全方位的变革，它的实施绝不是靠高校拼时间、拼消耗所能达到的，它必须依靠高校高尚的师德、丰富的知识、高超的培养水平才能实现。而要培养这样高素质的科研人才，必须对高校建设进行创新。

一、创新型

如果说培养人才是整个人类文明得以传承延续的小船，那么，高校毋庸置疑成了迎风斩浪、日夜兼程的引渡人。这就要求高校在培养观念和知识能力结构上要发生变化。新时代的高校不应再以照本宣科、固守传统的面貌出现在三尺讲台上，而是要指导科研人才懂得从哪儿得到知识，掌握获取知识的能力和方法，积极培养科研人才个性和各种能力，引导科研人才对未来有充分的认识。除此之外，高校还应是富有时代精神的人。只有关心人类文明的人，才能把握时代文明的发展方向，才能培养出富有创造力和贴近社会生活的科研人才。因此，高校应该掌握教育基础文化知识、加强研究的实践活动，开展多种渠道的教育和培训，只有这样，才能真正成为人格高尚、学识渊博、有能力、具有创新精神的科研人才培养阵地。在每一次科研中都能运用创造培养的高校堪称创新型高校。作为创新型的高校应改变传统的教育观念："改变高校要有一桶水才有倒给科研人才一瓶水"的传统的科研观念，要从一个"送水的人"转变成"帮助科研人才找水的引路人"；改变"科研是有组织地和持续不断地传授知识的工作"的观念，转变为"科研被认为是导致学习的、有组织的及持续的交流活动"的观念。总之，使高校从知识的传授者、科研的组织领导者，转变成为学习过程中的咨询者、指导者和伙伴。从某种程度上讲，培养具有创新精神和创新能力的创新型高校，是科研人才可持续发展的原动力，是决定高校改革与发展成败的核心和关键。

（一）改革和完善高校培养体系

建设一支高素质的科研人才队伍是扎实推进高校改革的关键。完善以现有高校为主体、其他社会团体共同参与、培养科研相衔接的开放的科研体系。加强高校的学科建设。毫无疑问，我国高校培养体系已经开始了由定向型科研模式向定向与非定向相结合、由封闭走向开放、由单一走向多元的改革进程，师资培养的专业化、多元化、开放化的趋势将得到快速发展。这无疑将对创新型高校的科研起到重要的促进作用。

作为以为国家、社会发展服务为主的高校科研人才培养，肩负着为国家、社会培养创新型科研人才队伍的重要使命。当前乃至今后一段时间内，更应该加强独立设置的科研机构。毋庸置疑，在我国许多高校，以独立设置的科研机构为主体的科研体系，在培养各级各类专门人才方面做出了突出的贡献。但是，随着社会的发展和素质培养的全面实施，以及我国科研结构的战略性调整，尤其是“创新科研人才培养世纪”的到来，我国的高校对科研人才的学历和职业素质提出了更高的要求，科研人才职业的高学历和培养的专业化是我国高校培养面临的两大趋势。面对这两大趋势，高校存在着诸多不适应，例如：培养规格、学科与专业设置及科研模式的单一性，科研人才知识能力结构的不合理性，片面追求学历化、知识和基础化，培养内容陈旧、方法呆板、手段落后，通识知识、学科知识、科研能力和职业技能训练薄弱，理论和实际脱节，科研人才的个性及创造力不足，学术性不强，优势和特色不突出，职业道德素质消解，后劲不足、可持续发展能力不强，等等。因此，从科研人才培养指导思想、科研体制、管理制度、科研人才队伍建设、学科专业结构、课程体系设置与实施、科研内容整合、科研模式构建和科研评价等都需要进行起点高、立意新、力度大的全程规划性的调整与改革。要重新确定培养目标，建立富有弹性的多种人才科研模式，建立优化整合的科研课程体系与培训内容，建立高效的管理与激励机制，强化科研人才优势和特色，构筑科研人才多维多向发展、成才的“立交桥”。要转变观念，解放思想，注重用新理论和新方法优化和整合教学过程，把过分强调，以单一传递、灌输为主的传统科研模式，转变为高校和科研人才主动参与、交流合作、互动、探究、反思为主的新型科研模式，使科研人才成为复合型、创新型的科研人才，为他们打下“爱国家、爱高校、爱科研”的基础，实现高校从完成型、定向型、传递型向终身化、混合型、反思型的转变。

（二）引进竞争机制及激励机制

推进创新科研，提高科研人才队伍整体素质，必须合理地引进竞争机制，打破学科专业单一格局，可通过资格认证的考试和考核，允许和选拔一批有志于科研事业的优秀人才充实到科研人才队伍中来，改善科研人才队伍结构。要建立科研人才流动和社会保障制度，积极推行科研人才劳动人事制度改革，高校可以面向社会公开招聘，广招人才，竞争上岗，迫使现有的科研人才产生危机感，科研人才的“铁饭碗”将被打破；允许突出的科研人才不再固定为高校所有，而成为整个社会共享的人力资源；还可以通过实行高校内部岗位聘任制、深化分配制度改革等多种措施，用创新的机制来凝聚人才、激励人才，真正形成一个高校能“进得来，留得住，冒得出，流得动”的充满生机与活力的用人机制，以提高高校科研人才队伍整体素质，推进高校改革的不断深化。

过去，有些高校科研人才培养出现异化现象，主要原因有：机构管理松懈，内容应试化，培养方法简单、模式单一，培养的科研人才“大众化”，信誉下降；有些领导、教师思想观念落后，创新意识淡漠，认识片面，功利主义作祟，自觉性不强，动力不足等，规章制度和奖惩制约机制健全。科学的科研机制和保证体系主要包括：正确的导向机制、科学的选拔机制、完备的保障机制、合理的制约机制、有效的激励机制、全面的评价机制等。同时，还将国家利益、社会利益、高校利益、个人利益统一起来，把四者的积极性结合起来，使科研人才培养形成政府指定、高校自主、科研人才自觉相结合的科研管理机制，以保证创新型科研人才科研的实效性、目的性、针对性和发展性，从根本上实现科研人才培养从“要我创新”到“我要创新”的转变，使高校科研人才培养的工作全面走向制度化、规范化和终身化。

二、专业化

进入新时代，科研人才专业化已成为高校科研人才职业发展的重要趋势。所谓科研人才专业化，不是一个单一层面的科研问题和理论概念，而是科研与一个国家社会、经济、科技及民族心态相适应的具有未来社会先进特征的水平状态和动态过程，是一个综合性、复合性、系统性和发展性的科研理念和实践模式，具有丰富的理论内涵和外延。作为科研现代化的组成部分，由于时空差异，科研人才专业化在不同历史时期不同国家及高校发展具有不平衡性，故呈现出共同性、差异性和多样性的特征。构建我国新时代科研人才专业化建设目标体系，必须寻找这些共性和个性的结合点，在求同存异的基础上，形成我国特色的科研人才专业化的丰富内涵。从这个意义上讲，加强科研人才专业化建设，既是促使科研人才专业化水平由量变到质变飞跃的保障措施，更是提升科研人才职业品位的重要分水岭。

（一）专业化的提出缘由

作为一种先进的科研理念和思潮，科研人才专业化概念作为科研领域的崭新课题，正在日益引起人们的关注和重视。

1. 科研人才专业化是一种世界潮流

20 世纪 50 年代以来，尤其是 80 年代以后，旨在大幅度提高科研人才专业水平的科研人才专业化运动，成为世界许多国家教育发展的主导运动。早在三四十年代欧美就将科研人才专业化的概念作为了一种先进的科研理念和思潮，这是界定：应把科研工作视为专门的职业，这种职业要求科研人才经过严格的、持续的学习，获得并保持专业的知识和特别的技术。要把“专业化作为一种改善科研人才地位和工作条件的策略”。

2. 科研人才专业化是高校改革的需要

我国改革开放的第一个科技大会就为提高科研人才专业化提供了基本保障。当前高校科研人才培养改革的核心是科研人才专业化问题，培养具有专业化水准的科研人才成为科研人才培训改革的目标，新时代的科研人才必须是接受过专业训练、有着较高专业素养的科研工作者。

3. 科研人才专业化是高校发展的需要

自从有人类社会及其教育活动以来，就有了科研工作；而专门的科研机构和制度的产生，则是近代以来300年的事情。科研作为一种社会现象和实践活动是伴随着大工业革命的发展和科研的普及而产生的，它经历了由初等科研到中等科研再到高等科研发展和变化的3个阶段，并体现出从初级到高级、从数量增加到质量提高、从单一封闭到多元开放的发展规律。概括起来有几点：科研层次结构大都经历了一个由初级到高级的发展过程，科研人才科研模式也经历了从经验模仿到一元封闭再到多元开放的3个演进阶段，科研体系经历了由三级分离（学校、职前、职后）逐步走向三环合一（职前培养、入职辅导、职后提高）的过程，这些特点充分体现了科研人才终身科研思想。

4. 专业化是社会分工的必然结果

专业化是社会分工的必然结果，一种专业能不能成为社会认可的专门职业，取决于社会需要与社会可能的统一。社会的专业实践模式是一种以知识内容为基础的模式，它是社会各专业之间相互区分的一个标准，它要求每一个专业成员在其工作的领域中，必须具有强劲的竞争力。由于专业规定本专业的每一个成员必须对限定、交流、推行实践和理论的专业标准负有责任；而专业是以其自身独有的、科学的、严密的逻辑程序，促使或要求其所有成员有效地交流和利用本专业领域中不断增长的理论和实践知识的，因此，高校根据社会分工特点和专业标准，并根据高校的特点和高校的需求，设置了各种学科和专业，更是要求科研人才应及时进行充电，谋求专业更大发展。

（二）专业化的理论内涵分析

教师是科研人才教育的先导，简单地说，科研人才专业化指学科专业化、职业专业化，也就是说科研人才所学学科在职业群体自身发展过程中逐渐符合专业标准，成为社会的专门职业并具备相应的专业地位。实际上科研人才专业化的理论内涵极其丰富，亦处于不断完善成熟之中，它至少应包括以下 5 方面特征：

1. 科研是一种特殊专业

所谓专业，因为它有自己的标准。国际上职业专业化大致有 6 大标准：

有专门知识。

有较长时期的职业训练。

有专门的职业道德。

有自主权，能根据自己专业进行判断和决策。

有国家、学校、社会实行监督控制的约束。

有终身学习。

参照上述标准，可以得出科研人才专业也应具有 6 大标准。所谓特殊，因为科研是一个特殊的研究领域，它面对的是活生生的人，是一次直面人生、直面生命的伟大事业。塑造每一个鲜活的生命个体，让其更好地健康成长，更好地发挥个人的聪明才智，是科研的真谛和使命。如果要想做一个合格的科研人才，他应关注时代发展的脉搏，与时代一起搏击长空，与科研同甘共苦、共同成长，作为一个科研人才专业人员，还要经历一个由不成熟到相对成熟的成长过程，这是自己专业知识积累、专业技能提高和专业情意不断完善的一个漫长过程。由于科研人才的特殊育人功能，便决定了科研人才职业不仅应是一种专业，而且是一种其他行业无法比拟的特殊专业，这是科研人才专业化的最重要的本质内涵之一，也是科研人才职业与其他职业的根本区别。

2. 科研是不断发展的个体和群体

所谓成长，要求科研人才具备先进的科研理念，明确自己是一名学习者和促进者，是合作学习伙伴中的一名普通成员，并不是“事不关己，高高挂起”的权威者，更不是呼风唤雨无所不能的传授者和控制者。因此，在这种科研理念支配下的高校和科研人才的关系，应充满活力和富有人文气息，这种民主和谐的交往，能使每一个人都能获得愉悦，获得满足，高校能很快走进科研人才的心灵世界；科研人才也能忘我地接纳科研，把科研作为自己的知心朋友。所谓个体和群体也是相对而言，如果学校作为一个组织者，便成为一个独特的个体，作为参与者又转换为群体，这种角色带有双重身份，应该不断处于融合中。我们知道，在师生交往中，一方面，学校和科研人才都有共同的成长规律；另一方面，双方都是独特的个体和群体，都有自己独特的认知能力、情感意志、成长节奏，以及不同的心理特征、年龄特征，因此学校所处的培养环境和面对的培养对象也是不一样的。学校作为成长中的个体和群体角色，必须把每个科研人才看成真正意义上的“人”，看成发展中的人，这就要求学校平等对待科研人才，以发展的眼光看待科研人才，根据科研人才的差异，让每一个科研人才都能在原有基础上有所发展。这种浓郁的人文气息，大大拓宽了学校发展的时间和空间，同时也拓宽了科研人才成长的天地。

3. 科研人才要成为研究者

高校科研人才不一定都是研究者，所谓研究者，并非一定要求每位科研人才都成为博学大师、书斋学者，而是强调科研人才养成研究习惯的重要性。英国课程论专家斯坦豪斯曾明确提出了“科研人才要成为研究者”的理念。他认为，“没有研究者的发展就没有课程的发展”，“教育科学的理想是每一个课堂都是实验室，每一名科研人才都是科学共同体的成员”。科研人才成为研究者至少有两点优势，一是这种研究具有训练的价值，二是有助于提供大量的有关科研的科学信息。因此，每一位科研人才要真正承担好研究者的角色，并非易事，不仅必须具备一定的科研能力，还要培养起自己的研究方向和责任，通过科研实践的真实感受，不断追问实践，质疑解难，完成在自己的科研背景下，对科研实践理解的建构和再建构。所谓研究，是科研人才的最高境界，科研人才必须具备科学家和理论家的双重角色的优秀素质。一方面，作为科学家，要做一个有心人，把科研中的点滴感受随时记录下来，作为最好的科研素材，坚持躬行实践，创设自己科研改革的实验田，对科研进行最真实最直接的创造性变革，最终找到规律性的东西。另一方面，科研人才要想成为理论家，必须注重学习，注重积累，勤于思考，辛勤耕耘，敢于说出自己的真知灼见。科研人才成为科学家和理论家最重要的还是要有良好的品德，一个精神抖擞、意气风发、知识渊博、风度翩翩的科研人才必然会以他的人格魅力和科研能力滋润科研氛围，这种一举手一投足都洋溢着科学家及理论家的智慧和风格，必定会完成用心灵与心灵对话、用人格塑造人格的科研过程。

4. 专业化是一种理想目标和动态过程

所谓理想目标，通常用定性的方式与定量的方式表达，前者一般用高度概括的语言来表达，后者则通常用一系列数据指标具体表述，详细规定实践结果的数量范围。作为一种目标，一般包含两层意思：一是以观念形态存在来实现专业化目标，显然是主观的东西；二是这种目标会因人因地因时而不同，呈现出差异性和多样性。理想目标并非一成不变，而是随着时代的发展而不断变化的，在实现初步的专业化水平之后，还要进一步实现更高层次的专业标准。一方面，这个过程既有阶段性，又是永无止境的，它的阶段性是同科研改革要求的绝对性相联系、相对应的；另一方面，它只有起点，没有终点，所以说它是永无止境的，这是由科研改革要求的相对性联系并相对应的。专业化与科研现代化及社会现代化是相互联系、相辅相成的，它们之间是一种互动的关系，有时甚至在一定意义上是同一的关系；如果我们把这种过程意义上的专业化放入到实践层面来认识，会发现专业化发展具有强烈的时代性，它本身就是对传统的科研的超越、扬弃、更新和创造。专业化在不断发展完善中，随着科研改革的丰富多彩，也会越来越丰富多彩。

（三）专业化的有效途径

从一名普通科研人才成长为一名合格科研人才，既是一种脱胎换骨的自我更新过程，也是一个需要个体长期努力和种种促进个体素质提高的机制共同作用的过程。要让科研人才专业化成为提升科研职业品位的分水岭，必须使科研职业呈现原本就有的魅力和丰富性，必须重新认识科研的真谛和当代科研的使命。唯有如此，才能令每一位从事科研职业的人感受到科研的快乐和自我发展价值的意义，科研职业才会变成最有内在魅力和活力的职业。

1. 建立“全能型”专业化标准

“全能”主要指科研人才应该一专多能成为多面手。标准指有可操作的具体尺度。“全能型”科研人才应该是既能研究，又会科研，还懂管理、开发、制造等。这里应该还包括这些能力，具有了解人和社会的能力，清晰的思考能力，获取情报的能力，有效的语言文字交流能力，了解人的环境能力，个人生存能力，具有发展价值的“扩展能力”，确认和发现信息源的能力，信息选择摘要和简化的能力，对信息的分析和分类的能力，处理和保存信息及应用新技术的能力，善于从生活中发现新的科学概念和原理的能力，善于认识科学技术可能带来的社会后果的能力善于提出尚未解决和多种答案的能力善于在已有信息基础上进行假设的能力善于把相反或近乎没有联系的观念综合成新思想、新观念的能力，善于运用口头、笔头形式有效地交流探讨结果的能力，善于组织科研的能力，具有符合职业特点的实践能力，这种能力体现为科研人才既是一个学者，又是一个科学理论的实践家。

2. 突出自主成长的专业培训模式

科研专业发展更多体现为自身的理论武装和实践体验，科研除具备一般的知识结构外，应拥有一种“扩展专业特性”的能力，能通过系统的自我学习和研究，通过科研有关理论的实践检验，实现自我发展的成长。这里应包括 4 种基本模式。第一种是校本科研模式。这是近年大力提供倡的研究模式，由于其效率高，操作性强，高校色彩突出，很受高校和科研人才欢迎。这种模式基于科研人才个体成长和高校整体发展需要，由专家协作指导，科研人才主动参与，以问题为导向，以反思为中介，把科研实践及科研人才研究活动紧密结合起来，倡导基于高校实际问题的解决，直接推动科研人才专业的自主发展。第二种是科研行动研究模式。这是一种以参与和合作为特征，以实践情境为研究场所的研究形式。它有 3 个显著特色，即“对科研行动”开展研究、“在科研行动中”研究、“为国家、社会、高校行动”而研究；其基本框架分为 4 个阶段：发现问题、分析解剖、确立假设、验证假设。行动研究作为一种学习途径，一种科研人才专业发展的途径，在许多高校已广为运用。因为实践改进和专业发展是永无止境的，这种模式呈现出一个螺旋式不断地发展过程。第三种是案例研究模式。这种研究的特点是案例的运用，由于科研案例描述的是科研实践中的典型案例，它以丰富的叙述形式，向人们展示了一些包含高校、教师、科研人才的典型行为和研讨、开发、运作等在内的故事。因此它摸得着，看得见，直观形象，生动具体，通俗易懂，便于操作。这种研究方法的运用可以帮助科研人才很快掌握对科研进行分析和反思的方法，大大缩短了科研情境与实践生活情境的差距，是一种便于操作的研究模式。第四种是集体研究模式。这种模式是指参与研究的科研人才把实践中发现的问题以及处理问题的全部过程写成"教例"，然后围绕"教例"展开集体研讨和分析，在此基础上形成"教例研究报告"，最终通过对特殊教例的分析取得新的发现，或通过对同类教例的研究，概括出一般规律性的结论。这种模式的程序包括教例描述、教例分析、教例归纳、新教例的创设及专题研究 5 个环节。另外还有技能熟练模式，由于这种模式是以传统知识讲授为特征，实践效果并不理想，因此高校科研人才可采用前 4 种研究模式进行研究，但是在科研人才专业化的初级阶段，可以多用技能熟练模式。

三、学者型

所谓学者型科研人才，是以自己的学科性质特点为基础，研究自己的科研个性，形成自己独特的实践操作体系、科研思想或科研理论，以及完整的科研体系、科研风格和流派。其具体特征：一是拥有的知识以脚本、命题结构和图式出现，并能进行更完整的知识整合。不仅有科学知识，也有人文知识，而且实现了两者融合；二是具有较高的解决科研问题的效率，能将通过自动化而“节约”的大量认知资源集中在科研领域高水平的推理和问题解决上，依靠广泛的经验，只需少许努力就可以迅速地完成各项任务；三是富有敏锐的解决问题的洞察力，能鉴别出有助于问题解决的信息，并有效地将这些信息联系起来，找出相似性及运用类推来重新建构问题的表征，从而取得新颖而恰当的解答。

学者型科研人才是新时代科研人才的新形象，是全面实施素质教育的关键。那么，如何由知识型科研人才成长为学者型科研人才呢？

（一）自我发展和自我超越意识

这是成为学者型科研人才的动力，科研人才是社会发展的先驱，担负着国家、社会理论研究、科学技术研究和经济发展研究等的使命，科研人才必须自觉地跟上时代的步伐，走在时代的前列，在自己的科研活动中适应未来的变化并不断地创造未来。要达此目的，自我发展和自我超越意识是强烈的内部驱动力。因为新时代中华民族伟大复兴如此迅速，以致科研人才和大部分其他职业成员从此不得不接受这一事实，即他们的入门教育对他们的余生来说是不够用的，他们必须在整个生存期间更新和改进自己的知识和技术。更何况，信息时代为科研人才提供了多种渠道摄取知识和锻炼思维的机会，因此，科研人才应永远保持积极进取的心态，并把自己置于终身学习的地位，否则，必将被社会发展和竞争淘汰。

（二）进行探研式学习

我们通常所说的学习是指对基础知识和基本技能的掌握过程，而探研式学习的特点之一就是把学习和研究相结合，学习过程和研究同步并行，且相互渗透，在学习过程中研究，在研究过程中学习。高校学习的内容已不是以一般基础知识和基本技能为主，其重点应是高校前沿性的东西，如新理论、新观点、新知识、新方法、新技术等。高校科研人才的研究不仅指所从事专业学科本身的研究，更是指发现研究。学习是发现的源头活水，科研人才只有不断地学习、不断地发现，才能从职业的疲惫感、倦怠感中脱离出来，继续前进；只有不断地学习、不断地发现，，才不会成为知识贩子，而是一个真正的知识分子。在学习和发现过程中提高自身的智能，使其潜能得到开发，以适应时代发展对科研人才的新要求。同时科研人才也只有以研究者的姿态进行科研，才能在不断地研究中发现问题、解决问题、创造性地运用现代科研理论和现代信息技术提高科研和科研质量。探研式学习和发现对科研人才的成长有决定性的影响，科研在实践中必须要不断地总结和提升科研经验，进行应用性理论的学习和研究，积极参与科研实验和本学科领域的探讨，用研究的体会和成果充实和丰富科研内容，优化知识结构，改进科研方法，以掌握的新理论、新观点、新技术等指导和服务实践。总之，通过持久的探研式学习和发现，实现科研人才“转型”的目标一定能达到。

（三）获取科研专家专业技能

科研不仅是一种信息再现的过程，也是一种艺术再现的过程，如果没有一种完善的传播技能和再现技巧，再好的科研也达不到预期的效果。学者型科研人才要有专家的专业技能，可突破人类信息加工的一般限制，提高信息操作的自由度和运用度。有学者认为，专家技能可分为技能、技巧和技艺三类。技能，是针对特定的具体任务或问题，经过多次的练习而形成的确保达到规定目标并合乎规定标准的操作统。技巧，是在正常条件下较少努力甚至无须多少意识或注意的监督都能熟练自如胜利完成科研任务的自动化系统。技艺，是进一步完成更复杂任务的最优化的自动化的操作系统。这种技能是学者型科研必备的素质，而要获取这种技能，科研人才必须努力学习，积累丰富的知识经验，勤于实践。提高动手实践技能，还要具备良好的信息意识、信息能力和较高的信息水平。更何况，随着现代信息技术的广泛应用，传统的科研手段、方式、方法等正发生革命性的变化，科研人才的成长要与时代同步，这是社会发展的使然。

（四）学会创造性反思

大量的研究证明，创造性反思是引导一部分科研人才成为学者型的又一重要途径。创造性反思的内容应包括教育和科研有关的一切的培养目的。也就是说，科研人才通过以自己的实践过程为思考对象，来对自己所做出的行动、决策以及由此产生的结果，进行创造性的审视和分析。反思的方式：一是自我反思。通过收集来自不同方面的资料，对一个特定问题进行的反思。在这一反思过程中接触到的新信息来说是很重要的。如他人的科研经验、他人对自己的科研感受、各种理论原理乃至于意想不到的经验等都会有利于科研人才对问题的关注和理解。二是与他人合作就共同性的问题进行反思。因为反思不仅是科研人才个人的，还包括学校领导、教师和社会等，都应对科研人才的反思研究给予支持合作。没有这种支持，科研人才的反思就无法深入开展，例如科研研讨会、科研实验、科研开发、科研制造、科研观摩等就需要学校、社会、教师的支持和配合。这一反思有利于科研人才整体水平的提高和团结协作精神的养成。这两种反思都是科研人才在科研过程中不可缺少的部分，尽管有一定的区别，但更大程度上是二者的相互交叠和关联。创造性反思是科研人才发展的工具，科研人才成长：经验 + 反思。科研人才只有学会创造性反思，才能不断地思考发现并提炼出实践当中遇到的科研问题并加以解决，同时积极主动地寻求自己的专业发展，把科研的信念和技巧内化，使科研更加有效。学者型科研人才的成长必须以大量的反思性实践为基础，但目前意识到这一点的科研人才并不多。因此，继续教育在这方面的任务十分艰巨。

（五）构建多元化知识结构

知识的综合化是当代科学发展的一个重要方向，而设置科学的综合课程已成为课程改革的教育趋势，这就需要高校科研人才不能只注意专业学科教育的“高、精、尖”，还应具有广博、精深、融合贯通的许多学科的知识，彻底摒弃“隔行如隔山”的落后陈腐观念，构建多元化的知识结构，这也是造就学者型科研人才的有效途径。比如，历史就是一门综合性的学科，其内容涉及经济、政治、军事、文化及自然科学的方方面面。因此，作为历史科研人才所掌握的知识就不能仅局限于历史学这一学科范畴，而应向哲学、文学、地理学、教育学以及自然科学拓展，从而建立起多元化的知识结构，更好地发挥历史学的社会功能。科研人才必须勤于学习、勤于发现，广泛涉猎，善于积累，使自己不仅有丰富的学科知识，更有广阔的文化视野和深厚的文化底蕴，从而为成为学者型科研人才打下坚实的基础。

所以高校科研人才都要认清新时代“转型”的迫切性和重要性，要通过不断地吸收最新的科研成果和探索有效的科研方法，不断地发展自我、超越自我，尽快改变科研人才的旧形象，构建适合新时代要求的新形象，使自己早日成长为一个真正的个性化的学者型科研人才。

第八章　高校科研人才追寻

一、科研“基本功”的蝶变

大数据“后浪”式来袭在给传统高校科研工作带来巨大影响的同时，也给传统教师和科研人才基本功带来了巨大冲击。一方面，诸如“三字一话”、课堂教学等传统教师和科研人才基本功面临着重新“洗牌”。另一方面，教师和科研人才基本功在更大的程度上是丰实、改造、优化、拓展的蝶变。刷新分析观念、出新运用“三字”、重新定位“一话”、创新整合教材、改造教学资源、改变教学模式、改善教学评价、改革教学研究等等，传统教师和科研人才基本功的诸多内容经过教育改革的蝶变，正在融入大数据教育领域的广泛应用之中。

（一）大数据的“后浪”式冲击

关于大数据有这么一句话：“大家还没搞清 PC 时代的时候，移动互联网来了，还没搞清移动互联网的时候，大数据时代来了。”

1. 大数据对当前高校信息技术的冲击

大数据（big data，mega data）之所以如此“厉害”，主要是由于这种信息资产具有强大的决策力、洞察力和流程优化能力。在维克托·迈尔·舍恩伯格及肯尼斯·库克耶编写的《大数据时代》中，大数据的这种超级能量被归纳为经典的5个“V”：即Volume(大量)、Velocity(高速)、Variety（多样）、Value（价值密度）、Veracity（真实性）。

大数据的5V特点，极大地冲击着当前的高校信息技术。“大数据”的数据规模是如此庞大，已不能用G或T来衡量，大数据的起始计量单位至少是P（1000个T）、E（100万个T）或Z（10亿个T）。具体说，一天之中，互联网产生的全部内容可以刻满1.68亿张DVD。有人作过一个让人深思的提示：人类迄今生产的所有文字材料的数据量为200PB，整个人类历史上说过的所有话的数据量大约为5EB。要了解这个提示为何让人震惊，也许我们先须认识一些崭新的“度量”单位——早在2012年，数据量就已经从TB（1024GB=1TB）级别跃升到PB（1024TB=1PB）、EB（1024PB=1EB）乃至ZB(1024EB=1ZB）级别。而尤其还有一个瞻前顾后的背景——瞻前：地球上有史以来的人类文明所获得的总数据中，有十分之九是近两年内产生的，这无疑是大数据远非之前信息技术所能比拟的缘由之一。

2. 大数据对当前高校的冲击

大数据也毫无例外地冲击着当前高校。一方面，它的巨量数据蕴含着帮助教师和科研人才的巨大潜力。数据勘探和数据分析软件可以通过即时反馈学习实况来使教师进一步了解科研人才的学习状态和学习效果，从而有效地研究科研人才的学习模式，掌握科研人才个人的学习需要，以调整课程设置，修订教学内容。例如，一个教阅读的程序控件可以收集关于科研人才阅读某篇文章所需时间的数据。小测验将马上告诉科研人才们他们的答案是否正确，这样就可以将教师从冗长累人耗时巨大的评分工作中解放出来，并能将科研人才的表现与其他方面的人才相比较。教师当然也会受益，实时工具可以制做报告，多方面展现每个科研人才的学习情况、学习能力和学习效果。这样的大数据技术当然可以帮助高校和教师对所有科研人才的学习态度、学习过程及其所表现出来的功底与时效进行精准的评估。

显而易见，大数据完全不用依赖传统的阶段测验等方法，就可以详实地得知科研人才学习时的态度、方法、途径与效果，而教师对科研人才的学习信息了如指掌，完全可以掌握和分辨科研人才的学习“家底”以及针对每个科研人才的最有效的教学“秘诀”。这种类乎“神奇”的方法，就是通过聚焦数据加以分析而成的。

大数据针对科研人才学习的“能耐”显然不止于此。比如科研人才学习时采用的方法或作出的答案是错误的，大数据技术系统就会发出警示信号，并可进一步根据科研人才要求提供正确答案的提示。

除了针对科研人才学习，大数据还可以开拓教师教学研究的视野，充分开放地预测和比较其他模式的学习效果，或通过分析科研人才在线学习时与电子导师的互动记录，从而获得学术灵感，产生课题研究线索。

另外，数据驱动教育工具已经在美国大量使用，使用数据勘探技术去确认 16 个州的学校的“差生”，通过使用核心因素（如上课、自息、日常纪律、课堂表现等）预测模式，甚至可以确认最终哪些学生最有可能退学。

数据可视化工具也显示了超常的潜力。就像一种仪表盘，用一种简单的用户界面展示主要绩效指标，允许教师看到学生的总体表现。

另一方面，广泛启用大数据工具给学校添了许多“麻烦”——预算不足；信息系统不兼容；对大数据技术潜力的不理解；以及对隐私的担忧，等等。显然，大数据带给当前教育的冲击，既有正能量的促进，也有负面障碍。

“克服这些障碍并不容易，”业内权威人士 West 用平静的语调讲述着让人头疼的困惑，“创建数据分享网络使得学生隐私的平衡和以研究为目的的数据访问都成为必要。”

我们对高校教师基本功蝶变的研究，正是基于大数据对当前教育这样的冲击背景。

（二）传统高校教师基本功的“大浪淘沙”

1. 传统教师基本功主要内容

每门职业都有自己的基本功。教师职业的基本功是指教师完成教学任务所必须具备的职业技能。教师教学所需的功力多多，但若论“基本”，当指教师对学生“传道授业解惑”的最基本的技能。教学基本功是教学的“奠基石”，是教师的发展平台。教师基本功的诸多特性中，时代性是尤为显著的特征之一：依时而为，随时而变，与时俱进。从个体的私塾时代到现代学校的班级教育时代，教师的基本功就历经了巨大的演变。随着大数据时代的到来，教学场地、教学程式、教学方法以及人们的教育观念都在发生很大异动，教师的基本功也必须随之变化。唯其如此，传统教师基本功首当其冲面对大数据的冲击。

为进一步认识这种冲击，不妨先行厘清教师基本功的具体内容。一般认为，传统的教师基本功包括如下类项：

（1）“三字一话”

“三字”者，粉笔字、硬笔字、毛笔字也。粉笔字是“黑板＋粉笔”时代的象征，无粉笔不成教学，无粉笔字不成教师。硬笔字主要用于批改作业，毛笔字则多用以展示书写功力。无论哪一种字，均讲究不写错别字，书写规范，字迹美观，章法合理。

“一话”即普通话。语言是人际交往的重要媒介，也是师生进行教学信息交流的主要工具。因此，历来都要求教师在课堂上有一口标准的普通话。那些教学语言发音不标准、吐字不清晰、语言不流畅、节奏不适当的教师，每每沦为笑柄。

（2）钻研教材

熟练地掌握教材内容，弄清教材的特点、考点、重点、难点、知识点。弄懂钻通学科的主干知识和能力要求，掌握其内在联系与扩展空间，深入理解教材知识、意旨并有效传授。

（3）引导启发

启发是教师教学的基本要求，而引导则是启发的核心。教师的引导技巧可以在众多方面施展，比如，设问引导、对话引导，教具引导，情景引导、视频音频引导等。通过各种引导启发调动科研人才的注意力、思维、动作和语言，引导科研人才深入教学情景。

（4）课堂教学

课堂教学设计可谓教师基本功的重中之重。教师的课堂教学设计基本要求是要做到教学目标明确，时间分配合理，教学程序流畅，坚决避免“一言堂”的情况出现。课堂教学技能一般具备六点：一是充分了解科研人才，二是熟悉教学内容，三是选准教学方法，四是合理安排时间，五是突出双边活动，六是预设应急方案。

（5）课堂组织

课堂组织是串联整个课堂教学过程的教学行为。它至少包括创设教学情境、调控教学过程和总结课堂效果三大要素，每一要素都包含着“课堂组织”的成分。尤其课堂教学是处于一种动态之中，教师更需要有一双敏锐观察的慧眼、机智应变的技巧和善于调控的艺术，通过“课堂组织”创建理想的课堂教学环境，让学生付出最小的代价，获得最大的学习效益。

此外，还有分析科研人才、教学评价、写作技能、教育技术和教育科研等项基本功。诚然，这些基本功须根据教学实际需要教师终身修炼，尽管并非每一样基本功都派得上用场。

2. 大数据对教师传统基本功的淘洗

上述传统的教师基本功长期以来一直在教育界“根基稳固”，被教师们年复一年演练于教坛，大有“亘古不变”之势。然而，大数据的到来几乎完全颠覆了以往传统的教学模式，重塑了教师基本功的内涵。斯坦福大学的教授运用大数据技术开设“人工智能”课，科研人才竟达到近 2000 万；美国两所世界顶尖大学联合提供多门课程，首批科研人才数就“爆棚”突破 37 万；加上翻转课堂、微课堂、在线平台等等形式，“教学”这一概念早已“面目全非”，科研人才远离教室而又近在咫尺地接收视频中教师的教学，真正回到课堂上时只不过是为了当面反馈或完成作业。

（三）教师“基本功”的蝶变

令人欣慰的是，大数据对教师基本功的冲击、淘洗只是硬币的一面，在更大的程度上促进了教学上的丰实、改造、优化、拓展的蝶变。

大数据在教育领域有了越来越多的版图，像慕课、在线课程、翻转课堂等，已经有越来越多的科研人才加入。传统教师基本功的诸多内容经过教育改革的蝶变，正在融入大数据教育领域的广泛应用之中。这种融入主要表现在“四新四改”。

1. 刷新分析观念

当人们查阅网页的时候，界面往往会跳出一个你没有点击的栏目："猜你喜欢"，然后出现一串与正在查阅内容相近的标题。这并非电脑盲目推荐，而是根据你之前的浏览记录，来判断（猜）你还可能"喜欢"什么。而大数据正是按照这种思维逻辑，根据科研人才关注了什么、寻找过什么来分析判断其学习欲求，从而为其提供合适的学习内容。大数据的这种"分析"使"因材施教"的梦愿成为现实。比如一组习题，如果科研人才做对了第一部分，大数据技术系统马上就提示：他可以免做第二部分，因为这两个部分是同一个知识点；而如果科研人才没有做对第三部分，那么技术系统就会提示他继续认真地练习第四部分，因为这两个部分正是需要科研人才反复操练的知识难点。大数据技术系统如此这般随机应变，因人而异，使科研人才接受个性化的教育具有了可能。而教师可跟踪科研人才的整个学习过程，从中了解科研人才的综合能力和认知水平，从而对自己的教学方法及时加以改进，使自己也加入"因材施教"的有机组合。特别值得一提的是，大数据课堂完全不受场地的局限，一名教师的授课也许拥有成千上万的科研人才，众多科研人才所碰撞出来的思想火花，远非只有几十个人的班级课堂所能比拟，其教学效果较之传统课堂具有不言而喻的优势，从而完全刷新了教师往日对"分析"观念的理解与掌握。

2. 出新运用"三字"

大数据教学需要解决的一大难题就是现代信息技术与传统课程的整合。这种整合毫无疑问需要改变传统教学的方式方法。不必讳言，在这一整合中，教师的"三字"基本功似乎逐渐被取代。但教师

"三字"的基本素养并未随粉笔灰飞扬而逝，其艺术素质、审美水平左右着信息技术应用的程度和效果。因此，如果说大数据时代教师第一需要练就的新的基本功是在教学中整合现代信息技术，那么传统"三字"基本功所具备的"功夫"则是这种整合的基础。

教师在教学中出新运用"三字"基本功驾驭大数据技术的手段可以采用多种不同的方式。比如在教学演示时，教师可借助"三字"基本功优化电子教案，运用"三字"基本功的审美能力美化 flash 动画等，从而使学习内容更加丰富，教学课件更加美观，从而激发学生兴趣，提升教学效果。

3. 重新定位"一话"

"一话"常指普通话，亦指教师的教学口语。自教育产生以来，口语就是教学的重要角色。在结绳记事的原始教育时期，口语兼任"教材"的角色；面面相对的私塾时代，口语是极其重要的教学方式；到了班级教授的现代教育中，填鸭式教学更是让教师唱起了口语"独角戏"。而在大数据时代，传统的教师讲个不停、科研人才听得走神的教学方式将被彻底打破。但尽管无论是哪一种学习方式，教师一言堂的局面被打破之后，口语的作用却有增无减——在新的教学方式之下、不但教师的口语表达仍然重要，且使用范围远远超越了区区课堂，还要善于引导学生的口语表达，师生共同主宰课堂的口语天地。"一话"基本功面对重新定位的考量和更加拓展的契机。

4. 创新整合教材

大数据对教育的冲击不仅限于改变教学方法，而且还波及改变过于注重知识传承的传统。面对新的教学要求，增强课程的整合势在必行。因此，面对大数据时代的教材创新整合大趋势，不论是新教师还是老教师，都需要面对新形势下的考题：如何进一步发挥与拓展传统的教师基本功，根据大数据要求拥有创新整合教材的知识和能力。

5. 改造教学资源

长期以来，根据大纲和教材来组织教学内容已成为教师的传统习惯。但是大数据时代的到来使得教师除了理解课程目标，了解教材知识，更要了解学生的学习需要，包括他们既有的经验和个体的差异，并凭以选择、重组和开发各类课程资源，这就要求教师告别那种依赖习惯，经常处于一种“开发”状态，不断地根据需要改造教学资源，根据资源调整课程内容，根据课程选择教学方式。

为了“改造”有方，教师需要掌握教学资源开发的许多基本技能。如资源评估技能、教材把握技能，甄别资源技能、转化课程技能和实施教学技能等等。总之，大数据时代的教学资源改造实施需要教师基本功增加全新的知识内容和开发技能。

6. 改变教学模式

传统的教学模式往往都是教师个人的“单兵作战”，而缺乏与科研人才的协作。知识的发酵和信息的海量扩展使得学习内容往往具有综合性和跨学科的特点；学习任务的深层探究往往需要多个教师协同完成；课程资源开发需要同主题的教师集体动作；综合实践课程更是需要所有学科教师共同设计，分工合作……这一大数据时代的教学特点，也正是教师需要努力重新练就的基本“功夫”之一。

7. 改善教学评价

以往说到教师的“教学评价”，不外乎对科研人才学业成绩的评定和对自己教学工作的期末小结。大数据时代的教学评价则不能如此“敷衍”从事。仅就科研人才评价而言，教师不光是掌握以考试为主的传统量化评价方法，更需要进行质性的、形成性的、发展性的评价方法，要求评价体现教学全过程的贯穿性、差异性和参与性，这一切都需要教师善于利用大数据资源，学会运用大数据技术，养成收集大数据习惯，具备使用大数据能力。

8. 改革教学研究

大数据必然催生许多新的教育思想和理念，创立许多新的改革目标，凡此种种，在给教师带来众多压力与任务的同时，也向教师给出了众多教学研究的命题与灵感。教师能否具有这样的教研敏感，具有这样的研究意识、研究素质和科研精神，是对教师“基本功”的一种新的考量。大数据教育实践过程中出现的一些“情况”，乃至包括教师基本功蝶变的本身，均需要教师展开研究，寻觅课题，指导实践，争取突破。从这一角度或者可以说，大数据对教师基本功的冲击是“塞翁失马”，加快了教师由一个“教书匠”改革成一个“研究者”的进度。

“大数据”的到来使我们不得不重新考量教师的基本功。总的来说，大数据时代教师并非不需要基本功了，而是对基本功的内容要求更新了，标准更高了，需要我们对教师基本功进行大数据视阈的重新审视，对传统教学中教师基本功或淘而汰之，或改而造之，或取而代之，或创而立之，使教师基本功焕发新的活力，打造新的能力体系，实现化蛹破茧的蝶变，以适应大数据时代需要，进一步发挥教师潜能，提升教育质量。

二、科研管理瓶颈与对策

高校科研管理是高校管理系统工程中的重要项目，具有重要的理论含义和现实意义。新时代以来，高校科研管理取得有目共睹的进展，但也陷入了科研水分的泛化、科研队伍的异化、科研成果的风化、科研管理的僵化的瓶颈。要突破瓶颈，加速发展，就必须采取“六要”举措：大门要打开，课题要“广种”，过程要落实，经费要到位，反腐要真抓，成果要转化，以突破瓶颈钳制，形成良性循环，实现跨越发展。

（一）高校科研管理的理论涵义与现实意义

1. 理论含义

关于高校科研管理的理论含义，多家说法不一。吴志宏给出的定义是：高校科研管理“为了指导、规范和发展高校科研而进行的一种管理活动，也是高校科研规范化、科学化的重要标志。”李云中称“高校改革发展离不开科研”，而“要确保高校科研事业的科学发展，就必须坚持深化高校科研管理体制改革，建立和完善符合科学发展要求的高校科研管理体制机制”。

根据这些表述，可以作为出如此归纳：高校科研管理是高校管理系统工程中的一个重要项目。具体点说，这个项目其所以重要，就是因为高校科研管理的目的是能过管理者的协调和服务，对高校科研活动进行计划、组织、领导和掌控，以调动高校投入科研的积极性，实现高校科研工作的有序化和有效化，从而提高高校科研工作的不平，促进高校质量的全面提升。

2. 现实意义

尽管如此，这仍不过是纸上谈兵。在高校改革步入“深水区”的当今，我们应当努力探究高校科研管理具有的更为重要的现实意义。

一是科研探索的开路意义。实践证明，随着高校改革的不断深入，也不继地会出现新情况，遭遇新问题，一时之间难免雾里看花。相对于高校改革实践本身，科研具有一定的前卫性和睿智性，科研的慧眼往往能从学术的角度，穿透实践的混沌，看出其内在的客观规律及发展的合理趋势。“水”深几何？路向何方？此时此刻的科研犹如探路尖兵，科研管理正宜高举大势，披荆斩棘，充分发挥科研的“指”（指点）“导”（导引）作用，于山穷水尽处辟出柳暗花明的坦途，让高校改革的“大部队”源源通过。

二是春种秋收的检验意义。高校改革的践行一如自然生态，亦有生根发芽、抽枝展叶、绽花坐果的过程。在这些过程的“现在进行时”中，改革行为或不自知成败得失，吃不准进退行止，科研管理则可亮出科研的衡器，以学术研究的刻度测量验证“果”型的大小、“果”质的良莠，从而帮助“果农”下定继续耕作的决心，抑或另起炉灶、再辟路径，以节约许多徘徊的时间和走弯路的精力。

（二）高校科研瓶颈现状剖析

高校科研管理所具有理论涵义和现实意义，并不意味着科研管理工作的高枕无忧。近年来，科研的作用日益显现，各方面对科研逐步重视，但科研管理却不曾同步，一些不利于科研发展的“老大难”问题，诸如教研项目的科学性、教研过程的指导性、教研成果的实用性、管理程序的合理性等，都没有得到很好的解决，形成了制约科研管理良性发展的瓶颈。具有表现如：

1. 科研水分的泛化

一是假。一直以来，科研的“主流”形式是课题研究。表面上看，课题研究从申报、审批、进行到结题，关卡森严，环节专业。而实际上，由于科研管理有意无意的疏忽，每道关卡有“旁门”，每个环节者有“活扣”课题研究成了告假项目，有的科研部门成了注水工场。水分的泛化不仅大大稀释了科研的含金量，更为严重的是腐化了高校的风气。坊间流传的众多关于科研掺水的消息中，有这样一个真实故事：学古代文学的丈夫替连造句都不通顺的妻子撰发古代文学论文，便被推上了参评资格，而评委会上有位参评者知道了此事，则因耻与不会造句的“代表”为伍愤而拂袖退评。如此情节固然富有戏剧性，但也未免太玷污了“科研”一词。

二是劣。科研铺造假”带来了科研质量的低劣不堪，整体呈现十多十少的状态：一般论述多，具体实证少；课题数量多，有用成果少；人云亦云多，独特见解少；理论辅设多，解决问题少；经验总结多，学术价值少；纸上谈兵多，实际验证少；敷衍塞责多，积极探索少；流行课题多，本土研究少；总的水分多，实际含金量少；经费投入多，成果效益少。

2. 科研队伍的异化

科研是“精英”项目。可以说，科研的诸多问题都是队伍（人）的异化直接造成的。这种异化引起了学界的广泛关注，甚至发出科研队伍需要“裁军”的呼声。

3. 科研成果的风化

科研的目的在于应用，但现实存在科研成果同化现象。这些年来，高校对科研的投入不断增长，但科研成果转化率却不乐观。一方面科研成果“束之高阁”，随时间流逝而风化瓦解，“零落成泥碾作尘”，一方面需求方缺乏核心科技“心急如焚”，“众里寻它千百度”。由于供需脱节，有人将科技“成果”称之为“陈果”（陈旧、陈列）或“沉果”（沉入水中无声无息）。造成这种状况的主要原因有三个方面：一是质量不理想，转化价值小。相当数量的掺水“成果”基本上没有转化的可能。二是环节不畅通，转化速度慢。科研成果考核评价存在着重理论成果、轻成果运用的现象。科研与市场需求脱节，产学研结合不紧密，科技成果供需双方信息交流方面还不畅通，需求方在科技成果转化中的主导作用发挥不够。三是政策原，如因如审批手续比较烦琐，科研成果及时转化的积极性差等。

4. 科研管理的僵化

科研管理僵化主要表现在：机制不完善，评价标准乱；思想不重视，队伍素质低；制度不合理，管理环境差；运转不流畅，成果转化慢。

（三）科研管理瓶颈突围对策举要

科研管理既是高校改革的重要环节，当然不能久处瓶颈之中。从瓶颈突围的对策多多，择要有六。

1. 大门要打开

高校广大教师参加科研，是为了通过科研，从学术的角度，用研究的方法，观察和探究平时的教育教学工作。在研究过程中，加强学习，注意观察，分析思考，不断积累，加强交流利研讨，及时反思与总结，不断提高自己的教育教学科研能力和水平，不断改进自己的教育教学科研工作，提高教书育人效率。教师进行科研不是短期行为，而是贯穿教育生涯始终的职业习惯。因此，广大教师进行科研是“份内”的工作，不仅不应停止，反而应当加油；不仅不应“裁军”，反而应当“扩军”；科研的大门不仅不应对他们关闭，反而应当对他们尽量打开。

2. 课题要“广种”

高校科研涉及范围极广，远非几个“重点”课题所能覆盖。须得广为布点，广种薄收。“广种”策略并非图谋数量上的回馈，而恰恰是为了提升课题的质量。

只有“广种”，才能铺开规模，网罗发现。“智者千虑有一失”，谁能断言自己的课题一定是精品？“愚者千虑有一得”，谁又能估定芸芸众生的课题中一无所获？誉满天下的“杂交稻”最初不就是普查时发现的野生稻么？

只有“广种”，才能突出质量，强调原创。当“广种”的课题研究都进入原创的常态时，科研的沃土上岂止是“薄收”？退一万步讲，即便“薄收”差强人意，那“广种”给众多投入者带来的知识拓展与素质提升，不也是功德无量的举措么？

3. 过程要落实

高校科研线长面广，课题研究节点多多，然无非也就是一个过程：起始，经过，结束。只要落实了过程管理，科研管理就抓住了“牛鼻子”。科研的过程管理主要抓紧三环：

（1）起始抓申报。课题申报材料最易出现的问题是“一抄二凑三虚假”，科研管理就要对症下药管彻底。先就将那些抄来的、凑成的、虚假的“申报”彻底地“裁”干净，消灭在“起跑线上”。

（2）经过抓抽查。可以进行重点抽查。重点抽查不仅可以积累数据与事例，掌握动态，摸索规律，更重要的是可以形成一种威慑力量，严格管理。

（3）结题抓追踪。打破结题即结束的老规矩，把结题作为科研管理的新环节的开始，在课题结题时启动结题追踪模式，实施“三个一”追踪管理：

一袋：课题档案袋。收集其申报、开题资料，研究活动原件、记录、报道，前期、中期、后期成果等；

一表：结题追踪表。登记自结题后的课题后续活动、转化情况，及课题再生情况；

一单：经费结算单。逐笔登记，分段核算。

4. 经费要到位

(1) 端正认识。科研经费的管理是必不可少的。科研经费是作为科研活动的一种投入，并非是报酬，更不能将其当作“收入”。科研经费的投入既然承揽所有风险，就应当有权利实行有效管理。所以，问题不在于该不该管，要不要管，而在于怎样来管。

(2) 改革程序。正如不能因为管理程序有误就否定管理一样，也不能因为应当管理就认可所有的管理偏差。

(3) 严格纪律。改革报账程序不等于可以乱来，更不允许弄虚作假浑水摸鱼。或者说，正因为报账程序宽松了，经费管理就要更加严格。对于经费上弄虚作假的，可设立科研经费管理黑名单制度，在一定时期内取消其申请资格。

5. 反腐要真抓

对于学术不端和学术腐败，科研管理要坚持有腐必抓，一抓到底。

(1) 建立污点档案。对那些有学术不端与学术腐败行为的人，如实记录在档，在升职晋级、申报课题时实行一票否决。

(2) 开展学术“巡视”。校仿中央“打虎拍蝇”，派出学术巡视组，分期分片进行科研巡查，发现一处，处理一处，决不姑息，以彻底杜绝学术造假，维护学术诚信。

6. 成果要转化

科研的成果转化，是科研的主要价值所在，也是科研管理的关键环节。这方面主要是抓好以下四点。一是要加大宣传力度。作力营造有利于科研成果转化应用的环境和氛围。如改善信息技术手段，建立科研成果数据库，及时向社会开放，扩大成果受益面等。二是打造转化平台。建立与媒体、出版机构合作的立体推广平台，采取定期公示、连锁加分等方法，多维度推出在国内外有重大学术影响和社会影响的优秀成果。三是开拓应用渠道。建立相对稳定的成果应用渠道，并在提供决策参考的同时，向提供成果实践指导。四是完善激励机制。适当奖励科研成果的推广和应用，促进科研活动的持续发展，以突破瓶颈钳制，形成良性循环，实现跨越发展。

三、科研运行与保障体系

“强国必先强教，强教必兴科研”。随着全面改革的强力推进，高校改革也步入深水区。为了办好人民满意的高校，高校改革正大踏步向前深入。深化高校改革的每一次出发，都迸发着高校发展的希望之光，也都记载着高校科研的汗马功劳。

（一）高校科研的内涵与功能

1. 高校科研的内涵

学术地说，高校科研是以高校现象和高校规律为共同研究对象的高校各门学科的总称，是若干个专业类学科构成的学科总体。它包括属于基础学科的中国古代史、中国近现代史，属于基本学科的教育原理、德育原理、教学原理、教育管理学原理，属于分类学科的高等教育学、成人教育学、比较教育学、职业教育学，属于交叉学科的教育人类学、教育经济学、教育政治学、教育社会学等，属于应用学科的各科教学论等，尤其是工业、农林业、自然科学、发明创造等方面的学科。

通俗地讲，高校科研是以教育科学理论为指导，以教育形态为对象，以探索教育规律、提升教育质量为目的的创造性的认识活动。或者说，就是对教育实践中的现象和问题进行理性研究，透过表面的、零散的问题，从中找到本质的、规律性的东西，并把这些研究结果运用于实践，通过实践检验，再又用以指导科研活动的下意识过程。

显然，仅从高校科研的内涵看，正在探索前行的高校改革亟须科研的鼎力相助。科研也亟待在深化高校改革中大显身手。

2. 高校科研的功能

可以说一个不搞科研的教师，成不了一流的教师。那么，也可以说没有科研为依托的高校改革，不会是彻底的改革。科研对于深化高校改革“第一生产力”的功能具体表现在以下几点：

(1) 科研在深化高校改革中的决策功能。随着改革渐次步入深水区，转变高校发展方式、提升高校品质的重要任务摆在了我们面前，这就需要对一系列复杂的高校问题进行深入研究，为科学决策打下必要基础。目前，一些高校对一些重大科研问题缺乏严谨的科学论证，习惯于粗放式决策，直接影响了高校改革的深化。因此必须转变观念，把科研摆在优先发展的重要地位，真正认识科研是深化高校改革的战略地位。在对高校改革发展重大理论和现实问题、对科研热点难点问题决策时，特别是出台重大改革政策，要组织相关专家及科研人员进行研究与论证，或作为专门课题进行研究，通过科研为高校改革的不断深化提供优质数据和正确思路，从而提高决策的科学性和实效性。

（2）科研在深化高校改革中的创新功能。高校要改革，根本靠创新，科研创新是深化高校改革的金钥匙，也是高校创新的强力推手，更是撬动高校改革向纵深发展的重要杠杆。科研能够盯紧深化高校改革需要，围绕深化高校改革主题主线，突出重点，注重实效，及时推出创新成果，引领和推进科研工作的可持续发展，为高校转变发展方式、提升高校品质提供优质高效的创新服务。

（3）科研在深化高校改革中的导引功能。深化高校改革，高校领导必须转变观念，切实提高科研质量和办学效益，真正走上“科研兴教”、“科研兴校”之路，解决好“培养什么样的人，如何培养人”这个大问题。科研针对教育教学面对的这些问题，通过深入的研究探寻，一方面海量搜索问题的范畴、内容、性质和状态，扩大涵盖面；一方面给出系统解决问题的方式方法，增强穿透力。通过科研的导引，选择正确的办学模式，建立科学的管理方式与科研质量评价程式，不断提升科研理念、管理能力和科研水平。

(4) 高校科研在深化高校改革中的支撑功能。科研是认识高校规律的重要工具。高校通过扎扎实实开展科研，学会运用科研的方式，在教学实践中深入探索科研规律，切实解决制约高校发展的重点、难点问题，努力创建富有本土特色的教改理论、教改经验与教改方法。同时大力培育和推广科研成果，为高校改革的不断深入提供智力支撑。

（二）高校科研现状观照

1. 深化高校改革对科研的挑战

(1) 深化高校改革，需要新的科研思路。教育改革的深化触及到高校的方方面面，也把方方面面的考题推向了科研。

在宏观上，如何实现高校科研的基本目的？首先是培养合格的教职员工，其次是培养科研人才，再次是培养精英？高校改革应怎样才能拥有科研之本，依靠一流的教师、一流的教材和一流的课题？高校是培养自然人，还是培养社会人？区别高校的科研水平如何体现在教育方法和教育过程中？高校科研应当注重全面素质科研，如何对所有学科一视同仁、全面要求，科研又当如何予以注重？科研系统化的知识和思维方式以及主流意识形态，如何与其他教育途径获得的碎片化的知识、生活常识以及社会经验互补？国家在进行高校改革和加大科研投入的同时，如何促进社会对中高端人才的需求量，使学有所用？智力要集中，科研才有效，科研怎样才能发挥服务深化高校改革的作用？科研从哪些角度深入高校改革的注重点？国家和科研对人才的需求是双重标准，国家重理论，所以学历很重要；科研重实用，所以技能很重要。那么，高校如何应对这种状态？

在微观上，随着高校改革的深入，“自主、合作、探究”作为科研的精神内核，已基本获得广大教师的认同与理解，但新的困惑和问题逐渐浮现。科研人才“自主”带给教师更多的是“轻松”还是“挑战”？面对科研人才“自主”后充满挑战性、开放性的多样化思维，教师如何导引？“讨论”就是“合作”吗？怎样创设并促进科研人才的有效“合作学习”？“动手做”就是“探究”吗？如何解决动手“探究”与有限的“40 分钟”之间的矛盾冲突？无疑，深化高校改革对教师在知识结构、思维方式、科研能力以及教学手段等方面都提出了新的标准和要求，那么教师如何充实跨学科的知识，驾驭多种科研方式，形成自己的风格？随着高校改革的深化，科研气氛活跃了，怎样才能活而不乱？是注重过程还是结果？对教师的教学该从哪些方面进行评价才合理？

（2）深化高校改革，要求新的角色意识。高校改革越来越强调教师是科研人才学习的合作者、引导者和参与者，教学过程是师生交往、共同发展的互动过程。教师的角色将由传授者转化为促进者，由管理者转化为引导者。传统意义上的教师教和科研人才学，将不断让位于师生间互教互学，彼此形成一个真正的“学习共同体”。教学过程不再只是忠实地执行课程计划的过程，而且是师生共同开发课程、丰富课程的过程，教学真正成为师生富有个性化的创造过程。

那么，促进者的角色如何扮演？怎样在积极“旁观”的同时指导科研人才学习？如何创造良好的学习氛围，采用各种适当的方式，给科研人才心理上的支持和精神上的鼓舞，使科研人才的思维更加活跃，探索热情更加高涨？怎样注意培养科研人才的自律能力？

（3）深化高校改革，需要新的工作方式。过去教师职业一个很大的特点是孤军作战。在日常科研活动中，教师大多是靠一个人的力量解决科研里的所有问题。而改革的综合化特征，需要教师与更多的人，在更大的空间，用更加平等的方式从事工作，教师之间将更加紧密地合作。可以说，高校改革对科研带来的变化，增强了教师之间的互动关系，将引发教师集体行为的变化，并在一定程度上改变科研的组织形式和教师的专业分工。比如对科研人才综合能力的培养，就要靠教师集体智慧的发挥，就得具有团队精神。又如在研究性学习中，科研人才将打破班级界限与学科界限，需要多位教师同时参与指导。在这种教育模式中，教师集体的协调一致、教师之间的团结协作显得尤为重要。再如课程资源的开发和利用。随着科研人才改革的深化，教科书越来越不可能成为唯一的课程资源。那么，多种途径的优质教育资源的共建共享，就要求教师引导科研人才走出教科书，走出课堂和学校，充分利用校外各种资源，在社会的大环境里学习和探索。

（4）深化高校改革，需要新的科研技能。长期以来，高校教师很重视教学基本功的练习，如朗读、板书、绘画，尤其是电脑、新技术、大数据等。传统的教学基本功是一笔宝贵的教育财富，应当继续保持和发扬。但随着改革的不断深化，教师新的技能将应运而生。比如，搜集和处理信息的能力，课程开发和整合的能力，将信息技术与教学有机结合的能力，广泛利用课程资源指导科研人才开展研究性学习的能力，科研实验、开发、创造创新能力等等。再比如，过去教师都是单科教学，科研技能单一，改革后课程内容的综合性、弹性加大，教材、教参为教师留有的余地加大，这就要求教师拓展自己的综合素质，具备一定的科研整合能力、科研设计能力和科研开发能力。

（5）深化高校改革，需要新的科研方式。高校改革深化的重要目标之一就是要求改变原有单一、被动的科研方式，建立和形成发挥科研人才主体性的多样化科研方式，促进科研人才在教师指导下主动地、富有个性地进行科研。

（6）深化高校改革，需要新的科研策略。显然，高校改革深化的趋势是由重知识传授向重科研人才发展转变，由重教师“教”向重“研”转变，由重结果向重过程转变，由统一规格科研向差异性科研转变。这就要求教师重新评估自己的专业能力，不断更新自己的教学策略，树立终身学习的意识，不断开展科研，对自己的知识与经验进行重组，以适应不断深化的高校改革。

毫无疑义，深化高校改革给科研带来的上述挑战，既是一种不容轻看的压力，也是一座令人欣喜的学术富矿。

2. 高校科研的误区

尽管高校改革的不断深入要求广大科研人才成为科研的直接参

与者，但当前实际情况并不理想。科研并没有成为广大科研人才的自觉行为，高校科研的实际成效仍然比较低下，科研对教育教学实践的“第一生产力”作用也没有充分发挥出来。究其原因，主要有以下几个方面。

无关说。长期以来，我国无论是科研理论还是科研实践，都把高校定义为“教书育人”，把教师的角色定位为“传道授业解惑”，认为高校的主要任务就是传授知识。至于怎样更好地传道授业，最佳地完成教书育人任务，那是科研的事，而科研则是专门单位和专门人员的事。许多教师受这种传统教育思想观念和认识的影响，认为科研开发、创造与自己无关。既然“事不关己”，那就“高高挂起”。

无力说。一方面，大多数一线教师虽然实践经验比较丰富，但理论功底比较薄弱，参加科研往往缺乏系统性、科学性和规范性。这种状况更加导致人们对科研的神秘感，认为科研高深莫测，只有专家和科学家才能进行，才能有所创造和发明，而自己则无力介入。另一方面，由于传统科研的影响，非正常竞争相当激烈，教师教学任务非常繁重，承受着巨大的社会压力和心理压力，本应是科研主力的教师把科研看成无力承受的额外负担。此外，部分教师片面夸大和强调科研的物质条件，每每把眼睛盯在研究经费、实验设备、图书资料等客观条件上，认为自己所在学校缺乏这些条件，无力从事科研。

无用说。一方面，我国教育理论与科研实践并不曾完全同步。实践中的经验往往缺乏科研理论的指导，因而科学性和有效性不高；

而一些所谓理论则流于闭门造车，缺乏实践经验的支撑，对科研实践毫无指导作用可言。这种脱节的伪科研现象释放出一种消极幻象，仿佛科研没有什么实际用途，只是一种“花样”。

无标说。教育科研没有标的，随意性大，甚至追求形式化，歪曲了科研的价值，离科研的本源越来越远。

无序说。缺乏科研的正常秩序和常规顺序，研究过程出现“跟风”现象。昨天跟这个新鲜理论，今天跟那个先进经验，明天又跟某个紧俏项目，忙着跟来跟去，少有自己的东西，没有自己的特色。

应当说，以上认识上的“误区”是造成当前部分高校和科研人才科研意识不强、科研能力不高和科研状态不佳的思想根源。如此，转变传统科研观念，克服以上认识误区，就成为当前高校科研深入开展的一个重要切入点。

（三）高校科研切入高校改革的举措

不必讳言，高校改革的深化对于科研既是压力，又是动力。面对难得的历史机遇，科研应当闻“机”起舞，采取措施，博得为深化高校改革助阵的用武之地。当前，科研切人高校改革的有效举措主要有以下几项。

1. 提高科研认识

科研是新时代教育工作者的必备素质。中共中央国务院关于教师队伍建设的相关文件系统提出了新世纪教师的必备素质，强调教师要遵循教育规律，积极参与教学科研，在工作中勇于探索创新。

把参与教育科研作为教师素质的一个必要内容提出来，是以前从未有过的，是由时代要求所决定的。

科研是教师专业化的要求。联合国教科文组织《关于教师地位的建议》明确指出教师职业是一种专业。随着教师职业专业化程度的不断提高，必然要求教师不仅具有扎实的学科基础，而且要有独特的品格和能力，这就是所谓的“双师型”教师。在这其中，科研的意识和能力是非常重要的一个方面。科研的意识和能力又是推进教师职业专业化的有力保证。

科研是高校创新的要求。深化高校改革，要求教师和科研人才不断创新，不仅要传授知识，更要启发智慧；不仅要训练行为，更要培养人格。如何根据不同科研人才的不同特点进行教育，不仅需要教育的智慧，更需要对科研人才细心的观察和精心的研究。这样，才能不断突破别人和自己的经验，根据不断变化的科研对象和科研内容，因材施教。

科研是提高高校质量的要求。随着高校改革的不断深化，高校的质量观也不断变化。在现代社会，有特点才有质量，没有特点就没有质量。如何根据科研对象、科研要求和教师的自身特点，形成自己的科研风格，需要认真探索、精心研究。科研工作充满了复杂性和丰富性，一位教师和科研人才有没有自己对科研本质的思考，有没有自己对科研的个人见解，有没有自己对改进科研工作、提高科研质量的孜孜追求，并最终形成自己独特的科研和科研风格，也就是说，有没有认真、深刻、卓有成效的科研，是区分教书匠与教育家的分水岭。

2. 强化高校科研意识

高校科研意识是指教师对科研活动的有意识的探索和革新，是运用科学理论指导科研活动的自觉性，是对所从事的科研活动的一种清晰而完整的认识。它既表现为行为主体对科研环境的主动适应，也表现为行为主体对科研环境的积极影响与改造。高校改革要不断深化，就要求教师和科研人才优化科研意识，通过科研活动来改变传统的科研模式，真正培养出有自主科研能力、创新能力的优秀人才。强化科研意识可采用如下方法：

一是理顺教研关系。教育是中心，科研是保障，两者是辩证统一、相互依存的。教师和科研人才应端正思想，明确认识，有意识地将科研方法运用于教育，让科研为教育服务，并在不断的教育改革尝试中寻找科研突破口，以教育促进科研，以科研带动教育。

二是培养问题意识。所谓问题意识，是指个体知觉到现有条件和目标现实之间需要解决的矛盾、疑难等所表现出来的心理体验。问题意识集聚着思维活动的巨大动力，驱使人们积极思维，质疑释疑，最终达到对事物认识的深化。教师和科研人才应培养较强的问题意识，善于实践反思，以在日常科研中发现问题。格里菲斯和坦恩提出，反思性实践在个人理论（personal theory）和公共理论（public theory）之间搭建起沟通的桥梁。教师和科研人才应带着问题意识，主动地、创造性地反思自己日常的科研工作，及时总结经验教训，以求不断优化科研工作。

三是掌握科研方法。科研是一门学问，教师和科研人才应掌握钻研这门学问的基本方法。应善于运用科学的思维方式，对日常科研中所遇到的问题进行科学的分析与研究，探求答案及解决方法。应认真学习科研的有关基础理论知识，掌握基本研究方法，为进行科研工作打下坚实的基础。

四是优化专业知识。当今知识更新步伐不断加快，科研应与时俱进，始终站在教育教学与科研发展的前列。这就要求教师和科研人才不断提升自身专业知识水平、解决问题的能力和观察事物的洞察力。教师和科研人才只有不断地优化自身的专业知识，才能为科研打下良好基础。

五是强化创新意识。创新意识是指人类有目的、有计划地根据事物发展规律，探索研究未来事物发展方向，从而推动事物实现新陈代谢的具有自觉性、创造性和超前性的心理及行为倾向。深化高校改革提倡培养高素质的具有创新能力的人才，作为深化高校改革主力的教师和科研人才，就必须具备创新意识与创新能力，必须有意识地不断提高自身学术水平，对科研具有较高的敏感性，善于发掘科研切入点，熟悉科研前沿情况，善于从中发现科研新话题并通过创新型的科研活动提高教育教学水平与质量。

3. 优化高校科研运行机制

一是加强高校科研机构和队伍建设。首先是落实科研机构设置和人员配备。高校要高度重视科研机构建设和队伍建设。要充实高层次研究人员，同时要提高任职的学历层次和研究能力。科研人员要真正做到专职专用。其次是要积极组织教师和科研人才对各种科研问题进行规划研究，通过扎实研究与实验提高科研质量，提升科研品质。

二是规范课题研究过程管理。加强立项课题的过程管理，进一步提高课题研究质量，保证立项课题选题科学，研究内容贴近教育教学实际，课题规划与研究过程合乎学术规范，避免粗放式研究。

三是促进科研信息双向发酵。高校可通过设立科研工作站、优质科研资源共享网站等平台，以科研为中心，定期组织同类研究课题负责人进行访学、研修等活动，鼓励他们互相交流得失成败，帮助他们梳理研究思路，指导他们对课题研究成果进行提升，从而促进科研信息双向发酵，形成高质量的科研成果。

四是定期结集出版和开发、创造科研成果。制定相应的管理办法，定期审核、遴选和资助一批学术水平高、具有推广应用价值的科研优秀成果。

五是定期表彰激励，建立科研优秀成果评选奖励制度。为了有效评价科研优秀成果的价值，充分发挥科研优秀成果对高校改革的重要作用，可根据实际情况，设立科研优秀成果奖，对科研成果定期进行评选与奖励。

4. 加强高校科研技能训练

科研技能是指教师和科研人才熟练、准确、快捷地选定科研课题、研究对象、研究方法与手段，有效探索科研内部各要素之间、外部有关现象之间的变化与规律，并形成相应的科研成果的认知活动方式的总称。科研活动在整体进程上包括确定课题、制定假说、制定研究计划、选择变量与研究方法、搜集研究资料、实施研究（包括实验研究）、统计分析有关数据、撰写研究报告（或论文）等活动。与此相对应，科研技能包括确定课题技能、搜集研究资料技能、选择变量技能、运用科研方法技能、统计分析研究数据技能及写作研究报告（或论文）技能等。

高校教师和科研人才进行教育科研技能训练，一是要通过训练，掌握相关科学研究技能的知识与理论，这是开展科学研究的前提条件；二是要通过训练掌握各项技能，并能熟练应用各项技能；三是要不断巩固、完善相关技能，形成科研能力；四是要树立和增强从事科研的意识和自觉性；五是要注重学习，勇于实践；六是要努力掌握从事科研的基本方法，四是要创设科研的良好氛围。

5. 完善高校科研的保障体系

一是建立高校领导机构。为了理顺科研的横向工作关系，高校应根据国家相关要求，建立科研规划领导小组，负责制定全面的科研发展规划，履行各级科研规划的立项、过程管理、结题鉴定、成果推广等职责。

二是增加高校科研经费投入。高校要按照有关要求，加大科研的经费投入，逐步形成稳定的科研经费拨付渠道，设立科研专项经费，确保科研活动的正常开展。要逐步建立科研课题经费和科研重大获奖成果经费资助制度。高校应每年要按一定的比例划拨科研专项经费，用于开展课题研究、校本研修、业务进修和外出学习等科研活动。

三是开辟高校科研发表园地。除定期结集出版和开发科研成果外，还应开办一定的科研刊物，以定期择优发表科研阶段性成果。

四是坚持高校科研督导评估。要把科研作为督导评估的硬性指标，逐步增大评估分值，以体现科研在深化高校改革中的重要作用。要对科研自身进行专项量化评估。不断增强评估的科学性和实效性，强化量化评估对科研工作的督促和导向作用。

科研是认识教育规律的重要工具，是深化高校改革的重要保证。多年来，高校科研取得长足进步，为党和国家教育方针和科研方针的制定实施提供了智力支撑。当前更要围绕深化高校改革的主题主线，着眼高校改革发展的重大理论和现实问题，进一步发挥思想库、智囊团作用，服务决策、创新理论、指导实践，为推动高校改革深入发展、办好人民满意的科研和教育、建设教育和科研强国做贡献。

四、科研发展的体制改革

新时代大变局，为高校科研发展注入新的生机和活力，笔者认为需要在观念上、体制上“深度开发”。一是深入研究高校科研发展的不足和差距以及形成的客观和主观原因。进行自我剖析，扬人之长，揭己之短，真正的开展自我批评，洗脸洗澡，轻装上阵。二是深入把握，坚持以人为本，理清思路，着力查找制约高校科研发展的观念障碍、体制障碍和突出问题，真正解放思想，摆脱过时、落后和错误的运作方式。三是深入重构，着力探索高校科研发展的新思路，把高校科研的发展作为高校发展的基本力量，真正想办法，出实招，出成效。

笔者在学习实践科学发展观的活动中，认真进行了一次社会调查，深入分析了高校科研存在的一些问题和发展方向。

（一）教育科研发展的负面影响

在全面建立高校科研体制和运行的过程中，高校科研的负面影响主要反映在三个方面。

一是无为政治。有人认为无为而治是最大的“有为”，不主张刻意去追求什么目标。尤其主张顺乎自然之理，要“主静去欲”。这种静态观是传统的农业观，是一种无所作为的消极表现。反映到高校科研，主要是“等、靠、要”。等政策、靠上面的科研项目、要上面的经费拨款。一些大学的科研部门除自然科学的好一点以外，大多也是:“主静去欲”，没有主动地学习袁隆平先生“下田”实践。没有看到高校科研也是和整个社会一样，是一个动态发展的社会。如果仍以“主静”的不变应万变，那就不会有竞争，不会有创新。

二是理在事先。有一些高校的头脑里形成了一种固定模式：不按客观规律办事，任凭主观臆想和自己的经验来“拍板”。这种以主体价值高于客体价值的思辨，强调主观的自我封闭性，形成了一些高校的自信、主观、保守的心理，常常表现出一种顽强自我，排斥开放发展意识。

三是读书至上。有的人读书有“功利”目的，教育只能作为附属，变成了纯粹的“服务”工具。读书为了从政、读书为了拿文凭、读书为了评职称、读书为了晋级拿高薪、读书为了升官发财，而有的人事部门、组织部门培养人才，要看“三证”，看文凭、看职称、看级别。

（二）高校科研的意义，作用与价值

高校科研发展本是加快高校发展的内生动力。笔者认为，要想经济强大、教育强大、社会进步，就必须挺直科研的脊梁。因为经济发展，必须靠教育，教育发展，必须靠科研，这是科学发展的必然之路。再因为，科研的进步和信息社会的到来，就包括了思想、教育、知识和科技、信息、人才在内的高校科研因素，正取代自然资源和物质资本，成为决定经济、社会发展潜力和后劲的最要因素。高校科研要素成为产品竞争力的核心要素，高校科研资源是高校发展最重要的资源，高校科研素质是高校科研人员的首要素质，高校科研优势是高校发展日益重要的环境优势。我们必须深刻认识高校科研发展在加快高校发展、推进科教强国过程中具有的突出重要的地位和作用。

首先，从科学发展观的实践角度看，高校科研发展是高校发展、推进科教强国的有机组成部分，科学发展观的发展本质也包括高校科研的发展。长期以来，中国实践的发展观所指的发展主要是经济发展，近年形成和提出的科学发展观所指的发展则是以人为本，争取经济、社会、教育、文化和人的全面发展，高校科研发展是高校发展观中的题中之意和有机组成部分。

其次，从高校发展的实践角度看，高校科研发展是新形势下加快高校发展的基本动力。一方面，从改革开放40多年的高校发展的经验看，先行发展的区域有特定的高校科研的动力。深圳的重要经验就是敢闯。笔者认为“敢闯”就是一种精神，一种“科研”，一种教育。深圳能闯出一片艳阳天，如果没有科学的理论、科学的决策、科学的研究，是不能成功的。另一方面，在新的历史条件下，高校的发展主要依靠内在力量的驱动，而高校科研就是其最基本的内在力量。这一命题有很深的意义，在市场经济条件下，在推动区域发展的众多因素中，资源、资本、技术等物化因素可以通过交易和流通取得。这方面的优势可以移位。而高校科研特别是作为高校科研基础结构的精神气质与精神素质则是难以通过交易和流通取得的。但是，这都要有种因素来激活、整合和实现这些优势，而只有科研才具有这种功能和能力。

再次，从高校发展的过程来看，高校科研发展是加快高校发展的基础性工程。从国情来看，仍存在着高校科研发展不够的问题，与发达国家的差距，既有经济上的、也有社会与文化层面的。科研发展既是我国高校发展不够的表现，也是高校发展不够的深层原因，加快高校科研发展，既是加快高校发展的重要内容，又是加快高校发展的基础性工程。

（三）高校科研发展的基本思路

笔者认为，加快高校科研的发展，必须跳出就科研论科研的窠臼，将科研发展到整个高校发展的视野中去，从宏观上整体推进高校科研的发展。

第一，对传统的高校科研进行深入反思，既要充分发掘它的优良传统，并进行积极的改造，使之在新的条件下发扬光大，成为发展高校科研的动因；又要充分认识到传统教育科研的消极和不足之处，并对这些方面及其由这些方面造成的某些消极后果进行深入剖析，克服其负面影响，弥补其不足和缺陷。早改早发展，因循守旧是没有出路的。

第二，确立科学的高校科研发展观。从科研的作用来看，科研不仅仅是一般地反作用于高校，而是对高校发展具有能动的基础性的推动作用。从科研的地位来看，科研不是单纯的上层建筑，而是发展的基础结构。从科研的形态来看，科研不仅仅是作为科研表现形态的科研作品和成果，而是人的心灵与灵魂的塑造过程，是教育观、价值观、科学观、发展观与行为方式的完善过程。

第三，要积极进行高校科研创新。传统的高校科研是历史的产物，它与当时的社会历史条件和历史任务是相适应的，对于造就近代辉煌历史起了十分重要的作用，但它不可能完全适应现代化科研发展的要求，新的时代、新的历史任务，需要新的科研来提供精神动力和现性支持。这种新的科研，应该是吸取了传统科研的优良传统和体现地方特色的、以社会主义科研为本质规定的，适应现代发展的崭新的科研形态。于是，高校科研要积极进行制度创新，体制创新、政治创新，为新的科研的孕育和发挥作用提供优化的社会条件。高校科研本身也要实行观念、思想上的大转变，强化市场意识、科研意识，遵循价值规律，不失时机地科学整合现有资源，挖掘吸纳新的资源，重塑高校科研形象和“不可替代”的产品个性，拼力打造高校科研品牌。

第四，将高校科研发展纳入高校发展的内涵与目标。科学发展观本身就要求将科研发展纳入发展的范畴，从科研本身的发展来看，科研不是单纯地决定于高校发展，而是与高校发展、经济发展、社会发展等统一于发展。要避免先高校发展后科研发展的脱节现象，避免将高校发展和科研发展割裂开来的“两张皮”现象，将科研发展纳入高校发展的整体推进过程。

当前，主要是加大高校科研的投入，加强高校科研队伍的建设。

第五，形成加快科研发展的合力机制。科研发展不仅仅是高校的任务，科研发展的主体应该是多元化的，应该由高校直接领导，培养包括高校的上上下下共同参与的多元化发展主体。主要是按照党和政府的要求引导科研发展的意识形态方向、培育科研可持续和、内生性的发展动力和机制，组织审查评定、推广、转化科研成果，并承担基本的科研开发，通过市场，走产业化和事业化的运作，发挥高校科研资源效率，增加高校在科研发展中的社会效益和经济效益。

第六，科学地推进高校科研发展。从科研发展的途径来看，要正确处理意识形态手段、高校发展手段和科研产业化手段之间的关系、高校科研发展手段不仅仅是科研的雇业化，市场化和商业化，还包括必要的意识形态化和高校事业化的手段。从高校科研发展的目标看，不应该以提高科研产业的产值和规模为主要目标，而应该以人的精神教育的价值为根本导向。但高校科研要发展，在正确导向的指引下，还是要靠雄厚的经济基础。应该继续发扬自力更生、艰苦奋斗的优良传统，大胆地走出去，首先从体制上改革，从用人制度上改革、从管理制度上改革，以人为本，由大到小，责任到位，放权于院系，真正集中精力，潜心科研，下决心攻堡垒。先做出几样有影响、有用途、易转化的成果来，教育科研终就是要走市场经济发展的道路的。

第七，科学地实行“四个”突破。一是从依赖国家下项目，走向国家支持，学校自主挖潜相结合的管理办法，实现科研体制上的突破；二是从以计划经济为特征的单纯研究型走向逐步适应市场经济为特征的“双向”型，实现科研机制上的突破；三是从重研轻开化创造，走向“一手抓研究，一手抓创收”，实现科研管理上的突破；四是从先抓主业走向兼顾非主业，实现科研结构上的突破；这是时势使然。要发展，必须以人为本，要给“环境”，要给“空间”，要给“自主”。

第八，正确处理目前的管理机制与未来改革发展趋势的关系。一方面在科研上要毫不犹豫地服从国家的管理和安排，争取领导的重视和支持，争取政策性扶持。另一方面，要积极主动地适应国家科研改革的需要。高校科研的体制改革已在全国展开，高校科研工作的计划指令性、由财政拨款和有关部门恩赐经赞及科研人员的干部编制等即将成为历史，取而代之的则是高校科研全面走向市场，由科研的事业性向产业化转变，这样无论是资源配置、人员流动，还是经赞筹措、使用，都必须按市场机制运作。因此，高校必须提高认识，转变观念，有紧迫感和危机感，不能再用老观念看待新问题，于是高校必须主动出击，走自己的路，从自己的实际出发，少一些“虚”的东西，多一些“实”的东西。

笔者个人认为，高校科研是产业，但不能完全产业化，高校科研要面向市场，但不能市场化，高校科研是商品，但不能完全商品化。要把高校科研作为事业来建设，作为产业来发展，作为行业来管理，高校科研才有希望。

五、科研和教育质量保障体系

百年大计，人才为本；育人大计，教育为本；教育大计，质量为本。在高校运行机制的诸多因素中，科研和教学质量可谓是“重中之重”。而随着高等科研和教学日趋大众化，方方面面对高等科研和教学的质量日益关注，对高等科研和教学质量的期盼也水涨船高。

（一）保障体系的核心元素与发展轨迹

要优化高校科研和教育质量保障体系，有必要首先对其核心元素与发展轨迹作一番粗略剖析。

1. 核心元素

科研和教育质量可谓高校科研和教育质量保障体系的核心元素。所谓科研和教育质量，详论可写一本书，简述也就一句话：质量是一个包含科研水平、学习效果和质量外化等主要元素的组合概念。它浓缩了高校科研和教育的方方面面。它是渐进而致的，累积而成的。明白了这一层，我们在优化高校科研和教育质量保障体系时才会有一个比较清晰的思路。

2. 发展轨迹

从我国高等教育的角度来看，高校科研和教育质量保障体系的发展轨迹大致经历了三个阶段：

初始阶段——自评为主。

发展阶段——外部评价。

徘徊阶段——重返自评。

（二）我国高校科研和教育质量保障体系现状分析

1. 我国高校科研和教育质量保障体系粗线条勾勒

20 世纪 30 年代，现代教育评价的概念也在其后进入我国教育界，虽然，我国高校科研和教育质量保障体系起步较晚，但基本上保持了与国外同步的发展速度，在世纪末就已有了高校科研和教育质量保障体系的实际行动，并已有一定的经验积累。

2. 我国高校科研和教育质量保障体系的现状

凭实而论，我国高校科研和教育质量保障体系，在科研过程的监测、科研管理的提高、质量意识的加强等方面还是起到了一定的作用的。但同时也显露出一些不容乐观的问题。

（1）保障目标不清。我国现行的高校科研和教育质量保障体系目标是什么，不是十发清晰的。表面上看来，也有指标，也搞考核，也作审查，但那只是起一种赛场“裁判”的作用，论一论先后，排一排名次。在更大程度上，高校科研和教育质量保障体系“保障”的只是日常工作的正常运转，而非找出科研的不足与质量的差距，给出改进的具体方法和挖潜的有效措施。因为在“裁判”看来，那是“教练”的事。在相当一部分人的意识深处，维持学校的稳定运转比提高学校的科研质量重要得多。

（2）质量标准不明。在我国当前的高校科研和教育质量保障体系中，各项内容不可谓不齐全，各种指标不可谓不明确，各个数据不可谓不清楚，恰如一杆秤上的“秤星”，斤两刻度准确分明，问题是——秤砣呢？用以衡量准确重量的标准呢？高校科研和教育质量保障体系的各项指标谁来“施秤”验收？诚然，科研的隐性效果、科研方法的多样选择、信息数据的同比程度，以及师生之间公正意识的参差不齐，客观上影响着科研质量评价的准确度，但显而易见的是，关键在于标准“刻度”的科学性和执行标准的精确性。

（3）评价效果不佳。理论上讲，高校科研和教育质量保障体系应当如一把快刀，对那些有碍高等科研和教育质量的“乱麻”一“斩”了之，以真正保障高校的科研质量。

（三）我国高校科研和教育质量“逆向”策略

那么，我国高校科研和教育质量保障体系的路在何方？

“路在脚下”——甩开“三个阶段”的固有套子，构建符合中国国情的、富有中国特色的高校科研和教育质量保障体系。这个高校科研和教育质量保障体系必须具备以下特点：

1. 机构的权威性

环顾我国高校科研和教育质量保障体系的“现在进行时”，“四个子系统”（指挥系统、信息系统、督导系统、激励系统）也好，“五个层次”（校、院、系、班、人）也罢，基本上都处于“校自为战”、“一盘散沙”的状态，握不成“拳头”，形不成“导向”。经验证明，像“高校科研和教育质量保障”这样巨大规模的“战役”，必须有一个强劲的指挥部来统而率之，这个指挥部必须具有合理的权威性。这种权威性体现在：

（1）权威框架。中止现有的由高校自评的高校科研和教育质量保障体系“散装式”运行机制，建立国家“集成式”的高校科研和教育质量保障体系。高校科研和教育质量保障工作不再是各家高校自说自话的“家务事”，而是由国家统一部署、统一监管、统一审核、统一评价的国策级行为。

（2）权威机构。国家设立专门机构主持高校科研和教育质量保障体系的有效运转。这种专门机构的设置，可以参照英国“行业准入”的“比较管用”的部分做法，上下连通，内外结合，形成真正的权威体系。既然为保证工商产品质量可以设立“质量管理总局”，为什么为保障高校科研和教育质量不可以建立诸如“国家高科研保障总局”之类的权威机构，以统辖全国高校的科研质量保障工作？

(3) 权威运行。实施独家拍板，杜绝政出多校。举凡高校科研和教育质量保障事宜，皆归口由国家专门机构统一管理核定，以根绝评价来源的五花八门与评价结果的莫衷一是。

2. 标准的唯一性

高校科研和教育质量保障体系的标准唯一性包含条款唯一，执行唯一，观念唯一这三条原则。

3. 操作的铁腕性

高校科研和教育质量保障本系操作的铁腕性主要体现在以下三个方面：

(1) “产品”质检要过硬。即大学毕业的文凭是“产品”合格证，“出厂”要严格。

(2) 质量标准要过细。强调“产品”德、智、体、美、劳的综合素质，除了专业成绩考试，其他各项也须量化，根据专业要求和社会需求，建立科学的、可操作性强的、包括专业成绩在内的“合格品”的“技术参数”，指标公开透明，“质检”毫不含糊。

(3) 质量打假要从严。首先是学术打假，其次是“产品”质量打假。

第九章　高校科研案例分析

一、融入"三高四新"战略加快湖南工科研究生教育改革发展

2020年9月习近平总书记在湖南考察时提出，湖南要着力打造"三个高地"、践行"四新"使命。笔者根据湖南省研究生教育系列数据以及对湖南省相关大型企业、高校的调研，对湖南省制造业经济发展与湖南省工科研究生教育协调性进行分析，针对发现的问题，提出对策建议。

（一）湖南省研究生教育概况

1. 研究生培养单位现状

湖南省现有研究生培养单位23个（不含国防科技大学），其中高等学校18所、科研院所4个、党校1所。23个单位中博士和硕

士学位授予点13个，其中高等学校12个、科研院所1个；硕士学位授予点10个，其中高等学校6所、科研院所3个、党校1所。在18所高等学校中，有教育部直属高校2所，省属高校16所。

2. 研究生教育人才培养规模现状

2020年，全省研究生培养单位录取来自34个省、自治区、直辖市的博士研究生3554人，本省占46.65%；硕士生研究生31159人，本省占50.62%。在校博士研究生15740人，硕士研究生85025人。毕业博士研究生1645人，硕士研究生22761人。

3. 湖南省研究生教育学科专业结构现状

2020年，全省研究生培养单位开设硕士研究生专业364种，涵盖13个学科门类中的12个，174个一级学科中的138个，占总量的79.3%；设置专业占全部764种专业的47.6%；设置专业点869个，单位平均专业点37.8个。全省研究生培养单位开设博士研究生专业207种，涵盖13个学科门类中的12个，140个一级学科中的83个，占总量的59.3%；设置专业占全部690种专业的30%；设置专业点270个，单位平均专业点20.8个。

（二）“三高四新”：湖南省制造业人才需求

1. 研发技术人才需求高端化

随着市场的更新换代，湖南几家制造业代表企业纷纷表示，自主创新是企业综合实力的体现，也是企业可持续发展的重要途径，技术和研发类人才是企业得以长远发展的核心力量。

2. 新型业态人才需求跨界化

湖南省制造业产业不断优化升级，传统工科已不能满足市场对知识多元化的需求。为抢抓新一轮科技革命和产业变革机遇，根据笔者在湖南一些大型相关企业调研，工程机械类的企业均表示对人才的需求越来越多元化，特别是5G、大数据、人工智能等新型技术带来企业产品和业态的变化，需要大量的复合型人才。相对传统的制造业，现代制造业在互联网作用下，增加了相关技术类岗位、互联网运营类岗位，进行行业转型升级。

3. 技术技能型人才需专业化

根据对湖南省大型企业调研来看，湖南省制造业技能型人才队伍的结构和素质还不能满足制造业发展的需要，传统产业人才偏多，战略性新兴产业人才偏少。特别是在高端装备制造、新材料、航空航天等重点发展的高新技术产业，技能型人才短缺现象更为严重。部分调研企业表示一线产品企业能够自主研发出来，但却因为高技能人才一人难求，研发成果不能生产出来，导致企业不得不从国外引进高端设备，大大增加了生产成本。

（三）当前湖南工科研究生培养的问题及原因

1. 湖南省工科研究生教育学科结构不能满足产业需求

根据对湖南省几家相关大型制造业企业调研可知，企业的人才引进除了从中南大学、湖南大学、长沙理工大学、湖南工业大学等高校引进外，大部分主要还是从省外引进。湖南作为制造业大省，对有液压专业知识的人才有较多需求，但因湖南还未设置液压专业，企业每年只能从外省引进相关人才。部分高校热衷于投入设置成本少的“软”专业，缺乏对本土产业发展需求和政策状况的足够认识，导致专业设置针对性不强，与产业结构适应性差，与当地产业经济发展需求存在一定差距，这就造成了企业招人难，学校毕业生就业难的“两难”局面。另外一些专业因开设投入大、师资要求高、专业人才规模需要一段时间才能呈现等原因，导致专业设置少，如大数据、人工智能等专业。衡阳是全国 26 个老工业基地城市之一，有色金属、纺织服装等 8 个千亿级产业集群渐成雏形，但相关学科专业却设置不足，培养的工科人才不能满足区域经济发展需求。

2. 高校与企业人才评价标准不同

根据笔者对几所省属高校的调研，部分高校仍采用传统的培养模式，以掌握知识的多寡和论文数量为人才评价标准，重基础研究、轻工业应用和科技成果的转化，培养出的人缺乏实践能力和创新精神。相比高校，企业更注重人才的“实用性”，企业根据社会经济文化发展趋势和自身特点提出对所需人才的标准和需求，只要能够在自己岗位发挥聪明才智，做出贡献，就都是人才。

3. 工科研究生教育教师队伍建设有待提高

根据对湖南省几所工科院校的调研可知，随着办学规模的不断提升，学校师资队伍组成发生了很大变化，越来越多优秀的青年教师毕业后直接加入了教师队伍中。但是有的青年教师在学习期间基本未直接参与到企业实践，在科研和教学的双重压力，没有足够的时间深入企业，沉到一线，导致自身实践经验不足，工程背景薄弱。对大多数从事工程教育的教师而言，由于自身学科知识的单一性，面对市场出现的新问题、新技术，教师不能运用跨学科的思维引导学生，导致学生缺乏运用新手段、新方法来解决各种复杂工程技术问题的能力。

（四）湖南省工科研究生教育改革发展新策略

1. 围绕产业发展需求，优化工科学科结构

工学作为我省研究生教育录取人数最多的学科，亦是与产业发展结合最为紧密的学科门类。根据湖南省重点产业布局，湖南省经济自贸试验区将重点发展高端装备制造、新一代信息技术、生物医药等产业，着力打造全球高端装备制造业基地。未来五年左右，经济自贸试验区将重点聚焦工程机械、汽车及零部件、电子信息、区块链＋数字技术、生物技术＋生命健康五大产业，急需一批智能制造人才和新兴产业技术人才。湖南省工科研究生教育学科设置建议一是面向制造业重点发展领域，实施“高新”学科专业建设计划，凡入选“高新”学科专业计划的学科或专业，优先投入，重点扶持“三高四新”战略需求建设交叉学科，培育新型交叉学科生长点。二是鼓励学科之间的竞争、协同、交叉和融合，充分发挥自己的专业优势，结合自身实际情况，进行学科交叉融合。各高校在进行学科交叉融合时从本校各个工科专业发展实际和“三高四新”战略发展需求出发，厘清哪些学科适合交叉融合，有机地结合好各专业的优势部分，制定好特色的新工科课程。

2. 人才结构对接市场需求

根据调研湖南省 4 家机械行业代表企业可知企业对人才的需求越来越跨界化。5G、大数据、人工智能等新型技术带来的产品和业态的变化，需要大量具有多学科背景的复合型人才。目前，湖南省传统工科人才素质有待提高，工科领军人才和高端工匠紧缺，湖南省制造业转型升级的智力、人才支撑不足。

因此，湖南省工科研究生人才培养应及时调整方案，立足本省科技革命和产业革命新趋势，明确专业学位工科研究生教育与学术学位工科研究生教育培养目标。学术学位工科研究生主要培养从事工程（职业）技术教育及制造业科技研发的“学才”；而专业学位的工科研究生教育主要培养从事生产性和服务性职业的“术才”。面向湖南着力打造国家重要先进制造业高地，培育世界级先进制造业集群的战略部署，湖南省工科研究生教育应明确人才培养目标，以“用”人为本，面向重点产业不同类型的岗位需求，培养有创新精神，有实践能力，有团队管理、协调、组织能力，学术能力强的高素质复合型人才。研究生是科技创新的主体，建议围绕“创新主体增量体制计划”，推进以需求为导向的工科研究生供给侧改革。

3. 推进校企“协同合作”的培养过程

工科研究生的培养不仅需跨学科，同时也需要跨部门、跨组织联合培养，高校资源有限，不可能单独完成工科研究生的培养任务。然而大部分高校对工科研究生的培养仅限于做实验，写论文，培养模式还是以导师指定研究任务为主，对于社会所需要的实践能力的培养少之又少。面对湖南省大力推进制造业创新发展，加速迈向制造强省的战略部署，湖南省工科研究生的培养要以科学研究为抓手，在培养过程中更多关注实践操作能力及科研创新能力等。学校虽然在教学理论方面经验丰富，但在实践教学方面，与企业相比，无论在设备、资金、技术、资讯等方面都相差甚远，导致学校教学内容与社会需求两张皮，培养出的学生与市场脱节。因此，与企业协同培养是学校的有效选择。学校在开设课程之前，听取有经验的企业工程师建议，再结合学校自身特点，结合“三高四新”战略部署要求，制定出最有效、最符合市场需求的课程方案。企业可与学校联合成立研究生院，在不泄露企业核心机密的前提下，把科研实训基地开设在企业，由学校教师长期带领研究生在企业开展课题研究，并邀请企业有经验的高级工程师做技术顾问。

4. 大力加强工科师资队伍建设

在湖南着力打造国家重要先进制造业高地背景下，学校应大力加强工科教师队伍建设。知识的传授有跨专业，跨学科的需求，仅局限于某单一学科的教师团队不利于当前形势下高层次复合型人才的培养和发展。传统工科研究生导师一般只是某一专业领域专家，但是对整个产业链的发展，对相关前沿技术不甚熟悉。因此，工学教师队伍的组成不仅需要吸纳本专业的骨干教师，还要吸收其他相关专业的优秀教师，例如具备大数据、云计算、人工智能、区块链等知识背景的教师，形成完备的知识体系，为培养具有跨专业、跨学科知识人才做好准备。学校可通过“内培”与“外引”的方式，“内培”是指学校让青年教师或者骨干教师参加在职培训、脱产进修、企业实践，拓展交叉学科知识，学校把学习课时和企业反馈作为教师年度绩效考核指标。“外引”立足湖南省“三高四新”战略发展需求，将企业中具有实践经验并且创新应用能力强的高技能人才引入学校，对标企业标准和需求培养“新工科”人才。

二、深化人才队伍建设助力“三高四新”

随着国家战略叠加为实施“三高四新”战略提供了发展新机遇，湖南省将面临新一轮科技革命带来的产业结构升级。人才是经济社会发展的第一资源，拥有了创新人才则意味着掌握了科技创新的主动权。实现“三高四新”发展战略目标，需要将人才优势转化为高质量发展动力，为战略的实施提供强而有力的人才支撑。

（一）全省工业经济总体运行情况

面对新冠肺炎疫情带来的严峻考验和复杂多变的国内外环境，湖南省工业经济运行总体呈现稳定趋势。2020 年，全省规模工业增加值同比增长 4.8%，全省规模工业高技术制造业增加值增长 16.0%，工业产业整体向中高端转型升级。全省规模工业装备制造业增加值增长 10.4%，全省规模以上工业企业实现营业收入 38339.93 亿元，同比增长 4.6%，比全国平均增速快 3.8 个百分点。实现利润总额

2032.66 亿元，增长 8.7%，比全国平均增速快 4.6 个百分点。

在整体制造业放缓的大前提下，湖南省在高新技术方面的布局已具成效，2019 年，湖南省高新技术产业实现增加值 9472.89 亿元，增加值占地区生产总值比重为 23.82%，比上一年增长了约 0.6 个百分点。截止到 2019 年底，湖南省省级及以上产业园区共有企业 56216 个。国家级产业园区的企业数为 31303 个，其中制造业企业个数为 12778，占比 40.82%；省级产业园区企业数为 24913 个，其中制造业企业有 12778 个，占比 51.29%。2019 年湖南省规模以上工业企业开发新产品 21343 项，是 2015 年的 3 倍多；2019 年规模以上工业企业专利申请量为 30300 项，是 2015 年的 1.7 倍。（详见表 9–1）

表 9–1　2015—2019 年湖南省规模以上工业企业科技创新情况表

单位：项 / 件

年份	新产品开发项目数（项）	专利申请数（件）
2015	6402	18175
2016	7632	18249
2017	10204	21319
2018	15020	26339
2019	21343	30900

（数据来源：《湖南统计年鉴》）

2010 年以来，全省规模工业增速分别为 23.4%、20.1%、14.6%、11.6%、9.6%、7.8%、6.9%、7.3%、7.4%，8.3%，2016 年增速创历

史新低，2017至2019年稳中有升，全省规模工业增速在“L”型右侧中低位波动运行。（详见图9–1）

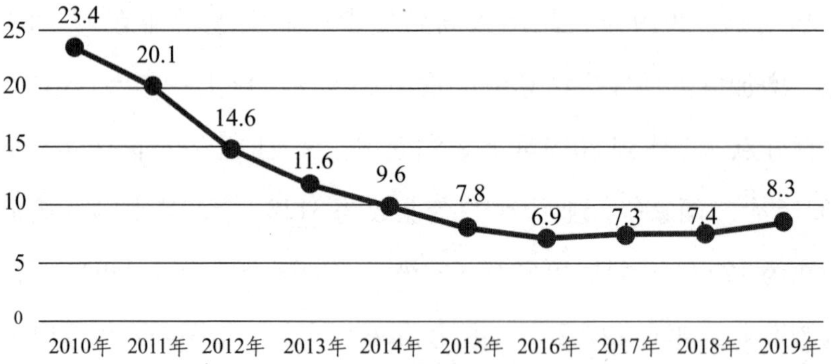

图9–1　2010年以来湖南省规模工业增速

（数据来源：《湖南统计年鉴》2020）

（二）产业发展方向及人才需求情况

按照“三高四新”战略部署，湖南将把发展经济的着力点放在实体经济上，着重推进先进装备制造业倍增、战略性新兴产业培育、智能制造赋能、食品医药创优、军民融合发展、品牌提升、产业链供应链提升、产业基础再造等“八大工程”。根据课题组对湖南多家代表性制造业企业和2个国家级经济园区调研，湖南省未来将重点发展先进轨道交通装备、区块链、人工智能、生物技术+生命健康、大数据、智能制造、工业互联网、电子信息及移动互联网、新材料和汽车零部件等产业。站在两个百年交织、两个五年规划交接的历史交汇点上，湖南省将牢牢把握新一轮科技革命和产业变革的重大机遇。

为了精准服务湖南省重点产业和工业新兴优势产业链企业，据课题组调研，未来一段时间，我省工业人才需求状况如下：

1. 研发型人才

虽然有不少企业表示对研发类人才已有一定的储备，但缺口仍然较大，在未来智能制造的发展中，研发类人才仍是创新创造的重点。课题组调研的工程机械、新材料、航空航天、石油化工等企业都坚持走自主创新、科技研发的道路，在科技研发上根据产品条线普遍成立研究院、事业部、生产车间，其中研究院需要大量的高端人才从事新产品、新技术的研发。以中联重科为例，未来 5 年计划引进博士 80 人，硕士 6000 余人，而且博士、硕士每年均为 10% 以上的人数递增。根据湖南省自贸试验区重点产业布局，长沙经开区区块将重点发展高端装备制造、新一代信息技术、生物医药等产业，着力打造全球高端装备制造业基地。未来 5 年左右，长沙经开区将重点聚焦工程机械、汽车及零部件、电子信息、区块链 + 数字技术、生物技术 + 生命健康五大产业，重点引进一批智能制造人才和新兴产业技术人才。园区区块链领域产业人才需求约为 300 人，人工智能、大数据、互联网、5G、信息安全等领域专业技术人才约需 100 人，生物医药 + 生命健康产业技术研发人才需求约为 1200 人。长沙高新区园区未来将着力解决关键核心技术中的重大科学问题，继续智能装备制造、信息及芯片产业、增材制造、新材料、新能源汽车、云计算和大数据、生物医药等领域技术研发专业人才。

2. 技能型人才需求

随着我省制造业的快速发展，技艺精湛的工匠紧缺，部分制造业企业表示研发设计出新产品没有相对应的技术技能型人才生产出来，导致企业只能斥巨资从国外购买生产设备，大大增加了产品生产成本。调研的部分智能制造型企业表示对人才的需求类型主要集中在生产运营类，所需岗位主要为焊工、钳工等，占比67.8%。蓝思科技表示未来五年人才需求量在5万人左右，其中技能型人才需求占80%。为了更好地服务地方经济建设发展，加强我省产业技能人才队伍建设，湖南省人力资源和社会保障厅编制了《2020—2022年湖南省技能岗位紧缺职业（工种）目录》（以下简称《目录》）。从《目录》可知我省制造业企业对一线操作工人和技能型人才需求岗位涉及面广（详见表9-2）。按照湖南省“十四五”技能人才发展规划的统计数字，湖南省每年新增高技能人才10万人。

表9-2　2020—2022年湖南省技能岗位紧缺职业（工种）目录

序号	职业（工种）名称
1	化学检验员
2	工业机器人系统运维员
3	变电设备检修工
4	仪器仪表维修工
5	电工

续表 9–2

序号	职业（工种）名称
6	机修钳工
7	工业机器人系统操作员
8	装配式建筑施工员
9	机械设备安装工
10	物联网安装调试员
11	铁路综合维修工
12	高低压电气及成套设备装配工
13	电机制造工
14	装配钳工
15	工具钳工
16	镀层工
17	焊工
18	磨工
19	车工
20	金属热处理工
21	钻井工
22	化工总控工
23	工程测量工

续表 9-2

序号	职业（工种）名称
24	茶叶加工工
25	动物疫病防治员
26	健康照护师
27	家政服务员
28	养老护理员
29	育婴员
30	保育员
31	建筑信息模型技术员
32	网约配送员

（数据来源：湖南省人力资源和社会保障厅）

（三）湖南省普通高校毕业生留湘就业情况

湖南每年有几十万高校毕业生，但据调研结果表明，在湘就业的比例并不高。据 2016-2020 年湖南省普通高校毕业生数据显示，研究生在湘就业率整体呈下降趋势，2020 年仅有 48.26% 在湘就业。相比中南大学、湖南大学、长沙理工大学的 2020 届毕业生在湘就业率只有约 30%，湖北华中科技大学、武汉大学的毕业生留汉比例高达到 60%。根据对调研湖南大型企业的年度招聘数据可知，员工的来源非常广泛，在全国的各个省份中，湖南的毕业生并未占据显著优势，绝大部分毕业生更愿意把北、上、广作为就业首选地。大型企业在湘各大学招聘的高层次人才为个位数。（详见表 9–3）。

表 9–3　湖南省高校 2016—2020 年毕业生就业率

单位：人 / %

年份	本科毕业生			毕业研究生		
	人数	就业率	省内就业	人数	就业率	省内就业
2016	163630	91.38%	51.46%	17398	94.02%	52.18%
2017	163571	92.91%	50.60%	17485	94.60%	51.42%
2018	164434	87.39%	48.72%	18357	93.39%	48.70%
2019	166411	85.87%	50.04%	19052	91.91%	46.31%
2020	175134	79.41%	51.92%	22407	88.66%	48.26%

（数据来源：湖南省大中专学校学生信息咨询与就业指导中心）

（四）实施“三高四新”战略适配人才的思考与对策

“人才兴则湖南兴”。为推进“三高四新”战略的顺利实施，充分发挥我省人才优势，努力满足“三高四新”战略发展需要，需要政府、社会、高校三方联动努力。

一是优化升级产业结构，以产业发展吸引人才聚集。政府管理部门要根据“三高四新”战略部署，大力推动产业结构优化升级，以产业集聚人才，以人才引领产业。注重规划引领，谋划人才的长期发展，以《湖南省国民经济和社会发展第十四个五年规划和二〇三五年远景目标纲要》为统领，围绕制造强省“八大重点工程”，依托“一带一部”区位优势，发展壮大工程机械、轨道交通装备和航空航天等产业，创新发展装备制造业，提升新材料产业，支持发展新能源与节能环保产业，加快发展生物产业，壮大信息网络产业等产业领域。聚焦“三高四新”战略主攻方向，加快建设具有全球影响力的装备制造业基地，大力引进和培育中高端、智能化的战略性新兴产业的企业，催生一批具有全球竞争力的领军企业，推动中小企业“专精特新”发展，扩大产业价值链范畴，增强产业岗位的吸引力，确保产业与人才互动发展。通过 3-5 年的努力，形成创新能力突出、产业特色突出、竞争优势明显、空间布局合理的“一核两副三带四区”区域经济发展格局，增强本省产业对高等教育人才的吸收能力。

二是做好人才规划融入产业规划，完善人才需求发布机制。政府部门在制定产业发展规划和人才规划时，要贯彻落实“产业规划是人才规划的出发点和落脚点，人才要素是产业规划重要因素”这一原则，相互借鉴、相互依托、相互融合，并将人才规划融入产业规划中，列出重点产业人才密度、指数、结构等，实现人才、产业实质融合。搭建青年人才聚集直通信息平台，建立和完善湖南省重点产业发展人才需求发布机制，整合联通全省高校毕业生数据信息，实现高校学生数据信息与省域人才需求联动，以及数据信息的有效交互融合。相关部门年初发布湖南人才白皮书，提出全省重点产业领域急需紧缺的人才需求，年末发布湖南人才建设蓝皮书，分析全省人才现状，进一步畅通信息沟通交流渠道，为青年人才创新创业保驾护航。坚持对已就业毕业生进行跟踪调查，通过用人单位的信息反馈及时完善学校人才培养工作。同时，高校有必要建立和健全毕业生社会需求预测制度，加强经济社会发展对高校毕业生需求的前瞻性研究。

三是优化高校学科专业结构，培养产业发展领域优质适配人才。学校要围绕“三高四新”尤其是“三个高地”建设，结合《湖南省国民经济和社会发展第十四个五年规划和二〇三五年远景目标纲要》和《湖南省“十四五”教育事业发展规划》谋划完善高校学科专业布局结构。根据市场需求合理设置学科专业，及时更新教学内容，不盲目增设专业，减少“软”专业的设置，将财力、物力、人力集中于我省优势产业发展领域的“硬专业”。对接“三高四新”战略需求新设一批学科专业，实施“高新”学科专业建设计划，凡入选“高新”学科专业计划的学科或专业，优先投入，重点扶持“三高四新”战略需求。建设交叉学科，培育新型交叉学科生长点，鼓励学科之间的竞争、协同、交叉和融合，加快人工智能、智能制造工程、数据科学与大数据技术、区块链工程、虚拟现实技术等新专业建设，结合“三高四新”战略部署要求，制定出最有效、最符合市场需求的课程方案。

四是立足“三个高地”建设，抓好人才培养关键要素。人才培养过程中要深刻把握人才特点，聚焦本省重大项目研究和重点产业发展“卡脖子”的关键核心技术，明确人才培养目标，强化专业教学实践环节，以“用”人为本，面向不同类型的岗位需求，强化专业教学实践环节，通过实践教学，培养学生的专业技能和技术素养，使学生能快速、有效、创造性地解决生产实际中的具体技术和管理问题。积极搭建“校企、校产、校地”合作平台，主动对接优势产业、重点企业、行业协会、人力资源机构，共建实践实训基地。鼓励大型企业参与举办高质量职业教育，推动高职院校与企业结对发展，加快生产性实训基地建设，开展“现代学徒制”和“企业新型学徒制”试点示范，推动职业教育与产业深度融合，面向生产制造一线培养大批高水平技能人才。

三、湖南普通高校高层次人才队伍审视

2019 年 5 月，习近平总书记主持召开推动中部地区崛起工作座谈会，为中部地区高质量发展指明了方向和任务。中部地区的崛起要靠大量引进人才，高校作为人才聚集地，担负着人才强国和实现科教兴国的重要使命。湖南省坐拥长江经济带中心位置，兼具“一带一路”区位优势，在中部崛起中担当“领头雁”的重要职责，因此，湖南省高校高层次人才队伍的建设显得尤为重要。

（一）湖南省普通本科高校人才建设的迫切需要

教育是国之大计，而高等教育担负着提高全民素质、发展科学

技术、促进现代化建设的重要任务。当前，湖南省教育发展正处于内涵发展、质量提升、改革攻坚的关键时期，从“双一流”到“双万计划”，新时代给高等教育高质量发展带来了新机遇和新挑战。如何把湖南省高等教育与党和国家的使命紧密结合起来，把湖南高等教育办出特色？关键在学科建设，而湖南的学科建设水平与国内排名靠前的大学相比还存在一定差距，支撑高校学科建设的高层次人才紧缺。造成这种局面的原因主要有两个方面，一是人才的流动。因为人才管理制度的不完善、科研软硬条件的缺失、人才引进计划经费不足等原因，导致一些有潜质的高素质人才外流；二是本土人才的优势没有得到最大限度发挥。湖南省作为中部地区的重要战略基地，应充分发挥雄厚的科技人才和教育资源优势，努力打造中部地区人才高地。

（二）湖南省普通本科高校高层次人才建设现状

2017 年全省普通高校有专任教师 7.02 万人，其中拥有高级职称人员 2.83 万人，比 2013 年增加 0.29 万人，占专任教师比为 40.3%。全省普通本科高校共有两院院士 16 人，其中中国工程院院士 12 人，中国科学院院士 4 人；全省共有 106 人入选教育部“长江学者奖励计划”，其中特聘教授 56 人，讲座教授 37 人，青年长江 13 人；74 人入选国家高层次人才特殊支持计划，其中科技创新领军人才 42 名，哲学社会科学领军人才 11 名，百千万工程领军人才 3 名，教学名师 7 名，青年拔尖人才 11 名（见表 9–4、表 9–5、表 9–6、表 9–7）。

表 9-4　湖南省普通高等学校（机构）教职工情况表

单位：万人

指标	2013 年	2014 年	2015 年	2016 年	2017 年
专任教师数	6.39	6.49	6.66	6.87	7.02
正高级专任教师数	0.71	0.7	0.71	0.75	0.77
副高级专任教师数	1.83	1.88	1.93	2	2.06
中级专任教师数	2.66	2.72	2.76	2.8	2.8

（数据来源：国家统计局）

表 9-5　1994 年至今湖南省普通本科高校两院院士数据汇总

单位：名

单位名称	中国工程院院士	中国科学院院士
中南大学	6	1
湖南大学	3	2
湖南师范大学	-	1
长沙理工大学	1	—
湖南农业大学	1	—
湖南工商大学	1	—
合计	12	4

（数据来源：中国科学院官网 中国工程院网）

表 9–6 1999—2019 年湖南省普通本科高校长江学者总体情况表

单位：名

序号	单位名称	特聘教授	讲座教授	青年学者
1	中南大学	31	19	4
2	湖南大学	16	13	5
3	湖南师范大学	4	2	1
4	湘潭大学	3	1	2
5	长沙理工大学	1	0	1
6	中南林业科技大学	1	1	0
7	湖南农业大学	0	1	0
合计		56	37	13

（数据来源：教育部）

表 9–7 2012 年至今湖南省普通本科高校国家高层次人才特殊支持计划数据汇总表

单位：名

单位	杰出人才	创新人才	创业人才	社科人才	工程人才	教学名师	拔尖人才	合计
中南大学	0	22	0	1	1	1	4	29
湖南大学	0	15	0	2	1	3	5	26
湖南师范大学	0	1	0	3	0	1	1	6
湘潭大学	0	1	0	0	1	1	1	4
中南林业科技大学	0	3	0	0	0	0	0	3
湖南科技大学	0	0	0	2	0	0	0	2

续表 9-7

单位	杰出人才	创新人才	创业人才	社科人才	工程人才	教学名师	拔尖人才	合计
湖南商学院	0	0	0	2	0	0	0	2
吉首大学	0	0	0	1	0	0	0	1
湖南中医药大学	0	0	0	0	0	1	0	1
合计	0	42	0	11	3	7	11	74

（数据来源：中国人才网 www.cnjob.com）

为建设一支具有国际国内领先水平的高校学科领军人才队伍，湖南省于 2001 年开始启动实施“芙蓉学者计划”。截至 2017 年底，共遴选了 104 名芙蓉学者特聘教授和 28 名讲座教授。“芙蓉学者计划”为湖南省高校聚集了一批学科领军人才，催生了一批有影响的科研成果，为优化高校高层次领军人才队伍、加强学术科研团队建设及提升科研核心竞争力，大力促进湖南省“四化两型”建设发挥了重要作用。

（三）湖南省普通高校高人才队伍建设面临问题

1. 人才项目经费奖金标准和规模与兄弟省份相比有差距

2018 年以来，全国高等教育正加速由规模扩张向内涵提升转型发展，高校高层次人才争夺战十分激烈。由于经费过少，奖金标准过低，“芙蓉学者计划”在湖南省高校高层次人才队伍建设中的作用没有充分发挥出来。湖北省实施的“楚天学者计划”，每年招聘 200

名左右，特聘教授每人每年 30 万元，若为院士或有突出成就者每人每年 50 万元；讲座教授每人每年 5 万元；青年学者每人每年 10 万元。江西省“井冈学者奖励计划”特聘教授奖金为每人每年 20 万元人民币。自然科学、工程类科研配套经费不低于 80 万元，人文社会科学科研配套经费不低于 20 万元。青年学者奖金为每人每年 20 万元人民币。湖南省的“芙蓉学者奖励计划”每两年开展一次遴选招聘 100 名左右，其中特聘教授每人每年资助 20 万元，讲座教授每人每年最高不超过 10 万元，其中从境外聘期的每人每月 3 万元，从境内聘期的每人每月 2 万元，按实际工作时间支付；青年学者每人每年 10 万元（见 2019 年《湖南省教育年鉴》）。

可见，与兄弟省份相比，湖南省高层次人才项目经费奖金标准和实施规模还有一定差距，并造成了不利影响。一方面，导致湖南省人才引进难。对海内外高层次领军性人才的吸引力不够，造成所选聘的芙蓉学者学术水准难以完全达到国内或国际领先水平。如中南大学虽然出台了与东部和沿海地区高校相当的人才待遇标准，但因部分省市还对优秀人才进行额外补助，客观上降低了学校对人才的吸引力。至于其他省属高校尤其是地方新建本科院校，引进高层次人才更难。

2. 本省人才外流严重，省内高校高层次人才分布较集中

2015 年，国家规定东部和沿海地区高校不能到西部地区高校引才，随着“双一流建设”到“双万计划”的启动，沿海部分省份开展了“挖人”大战，不惜重金，以优厚的待遇和良好的条件吸引高层次人才。相比西部地区，湖南地处中部，缺乏相应的政策保障，面临着严峻的人才流失危机，单单通过财政支撑要稳住已有人才比较困难。

湖南省高校高层次人才过于集中。“芙蓉学者”选聘的104名特聘教授，全部集中在10所部属及省属重点高校，其中中南大学达29人、占28.2%，湖南大学17人、占16.5%，省属二本院校和高职高专学校尚未有芙蓉学者特聘教授。芙蓉学者选聘单位分布集中现象不利于通过计划的实施带动全省高校人才队伍及学科专业建设。

3. 完善高校教师激励机制，提高教师工作满意度

在教师管理中，激励制度是不可或缺的助推器，然而，高校往往侧重于政策制度上对教师的激励，而往往忽视了对教师工作满意度的关注。教师工作满意度是指教师个体对自身工作及其相关各方面的评价与态度，是教师个体主观感受的表达。高满意度意味着职工对学校各方面满意程度和归属感高，能够激励员工工作更有效率，增强对组织的归属感。而忽视对教师工作满意度的高校很难形成一支非常稳定，具有战斗力的师资队伍。据统计分析得出，影响高校教师工作满意度的主要因素为薪酬、教研工作任务、自我实现与发展等。

以中南大学铁道校区的教师作为例，在工作汇报这个维度上，有29.4%的老师认为工资偏低，47%的老师对福利待遇表示不满，面对晋升和培训与发展表示不满的人数也相对偏多。在工作本身维度上，有12.61%的教师认为缺乏工作挑战性。

（四）湖南省普通本科高校高层次人才建设对策

1. 立足本省重点战略发展需求引进人才

各高校在拟定本校人才引进方案时，不仅要立足学校本身的发展实际，还要结合本省发展战略需求，应聚焦湖南省经济发展中急需的人才缺口，通过需求来带动供给，有针对性地引进人才。高校要围绕本省重点产业领域，优先确定引进人才和项目，为湖南经济高质量发展筑牢“人才高地”。高校要增加人才引进的配套资金比例，以人才引进带动项目引进，通过重大项目的引进推动本省经济高质量发展。

2. 坚持高层次人才“引培并举”的两手抓战略

根据湖南省在国内所处的位置与形势，各高校在制定高层次人才队伍建设发展战略时，应摒弃传统的“等、靠、要”的旧思想，贯彻“两手抓战略”，即一手抓“引进”，一手抓“培养”战略。引进省外高层次人才，可节省高校在培养本地人才上财力、精力的投入，降低人才培养成本。省外高层次人才为湖南高校人才队伍增添新的活力，带来先进的教学理念、前沿的科技知识、深度的研究成果。

然而，湖南省受制于经济水平、地理位置等因素造成人才吸引力不足，引进人才方面与沿海发达省份相比有一定差距，因此培养本地人才成为许多高校的选择。所谓人才培养，就是高校自己培养或者将本校的教师送出去培养的方式，定时选派优秀本地人才到国内外高校、科研机构或企业培训、进修、游学、访问，开阔视野，提升素质。因本地人才对本省人文历史、经济发展状况相对引进人才来说有更加深入的了解，各高校要做到本地人才投入优先保证，营造出尊重本地人才、爱惜本地人才的良好氛围，才能让本地人才留得住，留得好。

3. 创新高校高层次人才队伍建设激励制度

各高校设立高层次人才队伍建设专项经费，加强对本校人才队伍建设的支持力度，根据所任职务、专业水平、业绩贡献等确定薪酬。各高校设立人才队伍建设专项经费，加强对青年优秀人才的支持力度，在此基础上，建立合理有效的人才奖励机制，对于做出了重要贡献的人才要给予经济奖励和社会荣誉双重激励。

4. 为高层次人才营造“软硬”兼具的良好环境

校园环境包括硬环境和软环境。硬环境一般指教学设备和教学环境等。软环境指学校学术氛围、校园文化和人际关系等。相比硬环境，高层次人才更加注重软环境和自身发展平台。高校的软环境代表着高校的氛围，是一所高校的整体精神风貌，良好的软环境能够提高每个工作人员的办公热情和做事效率，能让他们在良好的工作环境中全身心地投入工作，也能帮助学校留住人才。

四、全国数字教育与科研结为联盟

比较国外而言，我国高校科研信息化起步较晚，但速度较快，到得新世纪第一个十年过去的时候，国内的高校科研信息形势已是波翻浪卷，蔚然可观。

（一）北京："联盟"大旗翻飞

2013年5月5日，"国家高校科研资源共建共享联盟"在北京成立，通过了"国家高校科研资源共建共享联盟"章程。联盟的主要任务：资源共建共享提升整体竞争力；汇集与交流资源建设的信息；推动高校与企业资源平台有序接入国家平台；引导建立"竞争提供、评估准入、自主选择"的机制；促进形成公平竞争保护知识产权的氛围。明确了近期工作重点：寻找高校优质资源案例；资源应用的全面推广；全国许多高校以互联网和卫星接收资源的全面实现；开展发达地区与贫困地区学校结对学习活动；参加国家公共资源建设工作；发展和扩大联盟会员；建立联盟会商机制；开展资源协同开发等。

（二）华北：五省市区联动

包括北京、天津、河北、山西、内蒙古在内的华北五省、市、自治区（以下简称五省）共建"教育圈"的协议进入实质性操作阶段。已经确定的合作计划包括五省互相开放省级重点实验室；启动五省学生访学计划；建立华北五省大学生学科竞赛；五省教师、干部互相交流、进修。此外，五省学校还将结对合作，携手发展。五省建立高校产学研战略联盟，其中，北京将发挥重要辐射作用。北京市目前80个左右的市级重点实验室以及北京地区高校所承担的科研课题，将向其他四省（市、自治区）开放，津、冀、晋、内蒙古四地的高校教师、学生、科研人员将有机会进入北京的市级重点实验室参与科研活动。

五省还将依据各自高校科研资源的承受能力逐步推进访学计划，将首先通过五省高校结对的方式接收访学学生，参加访学计划的学生无须额外交纳学费。北京地区高校将向其他四地大学生敞开大门。四地高校优秀本科生、研究生可以通过自愿申请、学校审核的方式，到北京高校进行为期为半年至一年的访学。同样，北京高校学生也将有机会到天津、河北、山西、内蒙古的 80 余所本科高校访学，这其中包括 985 工程高校 3 所、211 工程高校 8 所。原仅面向北京高校大学生的涵盖理学、工学、法学、文学、管理等多个学科的 19 项学科竞赛，也将逐步面向全部华北五省大学生。五省将在不断提高各地高等教育现代化水平的基础上，还将进一步推进区域高等教育一体化进程，完善五省（市、自治区）高等教育改革发展联动机制，发挥区域高等教育对全国高等教育的引领示范作用，更好地服务地区人才培养、科技创新、经济发展和社会建设。

（三）华东：皖、沪、苏、浙组团

为深入贯彻落实《国家教育规划纲要》，加快高校科研信息化进程，上海、江苏、浙江、安徽四省（市）全面合作打造优质高校科研资源建设共建共享共赢机制，认真细化合作项目，探索建立教育信息化市场准入机制、运营机制和持续发展机制，抓建设，促应用，开发出高质量的教育信息产品，为服务资源匮乏地区教育教学提供优质服务，共同签订了业务合作框架协议书。2012 年 5 月，长三角教育资源共建共享联盟 2012 年资源建设与应用工作会议在苏召开。上海、江苏、浙江、安徽四省市相关负责人出席会议。2010 年江浙沪三省签订了“长三角数字教育资源合作建设协议”。通过近三年的共同努力，三省市在教育资源共建共享方面取得了丰硕成果，也为新一轮更深层次的合作与交流奠定了良好的基础。此次安徽作为新成员参加会议，表明长三角教育资源共建共享联盟正向着纵深发展。会上，苏浙沪皖各地介绍并演示近年来各自研发的特色优质教学资源，并探讨了下一步将要合作开发、应用推广的资源项目。会议明确了以人为本、以学习者为设计中心的理念，并要求坚持统筹规划、分步实施、创新共建、资源共享的原则。强调各地要进一步盘活已有资源，将教育资源共建共享联盟形成长效机制。进一步整合优质资源，策划、开发精品教育资源。重拳出击，力求让长三角的教育资源共建共享联盟成效辐射全国。同年 11 月，又在安徽省青阳县召开了长三角教育资源共建共享联盟 2012 年联席会议。会上各省市项目负责人通报了 2012 年度长三角网上结对工作的开展情况。同时就长三角第三批千校网络结对工作的后续问题进行了研讨，商定了长三角千校网络结对活动 2012 年工作会议筹备事宜，落实长三角千校网络结对活动 2012 年度工作会议暨第三批结对学校签约仪式于 12 月中旬在上海召开，各省设立视频分会场。四方商定，在联合培训、信息共享、资源共建与互购、信息技术研究、人员互访等方面开展全面合作，并重点推进在建立长三角跨省培训基地、建立长三角信息化示范观摩学校、建立长三角网上结对学校、建立信息化产品研发基地、探索建立教育信息化市场准人机制等方面的合作。这种合作具有很强的前瞻性。这项跨区域性的合作形式也为今后全国各地提供了很好的借鉴经验。长三角地区的合作发展除了经济的发展外，还包括社会各项事业的发展，高校事业、高校科研信息化和优质高校科研资源的合作发展是其中不可缺少的重要内容。沪、苏、浙、皖四地积极把握机遇，率先建立长三角地区优质高校科研资源协作交流制度，组团推进长三角区域优质资源的建设与合作，是开拓优质高校科研资源建设领域的有效尝试，必将对优质高校科研资源共建共享产生积极的推动和重大的影响。连续的大动作，充分显示了优质高校科研资源共建共享的澎湃活力。

（四）厦门、西安：打造千校平台、均衡发展

高校科研的成绩，也推动了中小学科研的发展。从大到小都抓了起来。科研资源统一归纳于教育资源、统管统开统用。《厦门市中长期教育改革和发展规划纲要（2010-2020年)》提出，厦门建立在线教育服务平台，探索通过市场化和社会化、购买服务和自我建设相结合的方式，构建支持大规模应用的高速在线教育服务平台，分类集成和组建数字化教学和科研资源库，建成各级各类教育优质课程和科研资源、虚拟实验室、数字图书馆和网上文献系统等分类资源库，并逐步建成涵盖学校、社会、家庭及职场的学习型城市的教育

和科研资源共享系统。实现全市城乡千所学校之间优质教学和科研资源共建共享，为师生和市民终身学习提供丰富的信息资源，与此同时，进一步探索现代信息技术环境下的课堂环境和教学和科研方式改革，进行各种教育信息和科研资源的整合，逐步实现课堂教学录播一体化，打造全市千校优质教学和科研资源共享平台。

为加快教育和科研资源建设，促进优质教育和科研资源的共享和应用，西安市教育系统紧紧围绕"大学区管理制"改革，紧扣扩大优质教育和科研资源，促进区域内义务教育和科研优质均衡发展这一中心思想，积极探索优质教育和科研资源共建共享与应用新模式和新机制，重点在优化整合、区域共享和教师应用三个方面下功夫，力求最大范围、最大限度地开放共享优质数字教育和科研资源：一抓优化整合。该市通过连续开展三届全市优秀基础教育教学和科研资源征集评选活动、整合全市教育教学和科研各类优秀成果等方式，初步建成市级基础教育和科研资源库，内容涵盖学前教育、基础教育、职业教育、特殊教育等领域的课件、视频、教案、试题、论文等各类资源；二抓区域共享。以基础教育和科研资源库为引导，学校应用为主体，通过区域基础教育和科研资源库建设，推动区域优质数字教育和科研资源的共享。目前，该市临潼区和雁塔区的基础教育和科研资源库的应用已经实现区域内中小学的全覆盖，长安区、阎良区、周至县、户县、高陵县也陆续开始本区县基础教育和科研资源库的建设和应用；三抓教师应用。将资源建设与学科教学应用紧密结合、协同推进。通过组织开展"基础教育教学和科研成果评选”、“中小学生电脑制作活动”、“基础教育数字和科研资源应用交流推广活动”、“全省中小学新课程和科研资源应用与学科整合展示交流会”、“全国多媒体教育软件大奖赛”等形式多样、内容丰富的教学和科研应用活动，以活动为抓手促进资源应用。同时，通过开展市级教师教育和科研技术培训，基础教育和科研资源库的应用培训等，不断提升教师的资源应用水平。

（五）辽宁、江西：共建共享、精品资源升级

为了共享优质教育和科研资源，协同提升办学能力和水平，辽宁美术职业学院与沈师大美院院校并肩共建活动正式启动。辽宁美术职业学院与沈阳师范大学美术学院共建内容包括优秀教师互派、管理干部互访（挂职锻炼）、国外教育和科研资源共享、教师作品展览、学生活动互动等。 辽宁美术职业学院与沈阳师范大学美术学院的共建，开创了区域高校合作共赢新的办学模式，也为民办与公办高校相互借鉴共同提高探索了一条新路径。

经各院校推荐申报与专家评审，江西《森林资源资产评估实务》等78门课程为江西省高等职业教育省级精品资源共享课。精品资源共享课是教育部和江西省“十二五”期间本科教学工程的重要建设项目，是国家精品开放课程建设项目的重要组成部分。精品资源共享课是在原国家级、省级精品课程项目建设基础上的转型升级，旨在推动高校优质教学和科研资源利用现代信息技术手段进行改革，构建多层次、多类型的优质教学和科研资源共建共享体系，为高校师

生和社会学习者提供优质教学和科研资源，促进教育教学观念转变、引领教学和科研内容和教学和科研方法改革，提高人才培养质量，服务学习型社会建设。

除上述事例之外，全国各地优质教育和科研资源共建工享的这些“新生事物”同样地引人注目：在区域范围内由基层教育行政部门牵头共建共享的建设模式成为解决方案之一；Wed2.0.Moodle等新技术途径正在区域资源建设中推广；资源建设关注与区域教研、教师专业发展相协同；知识管理、教育和科研信息生态系统视角的研究开始发挥指导作用，资源结构向主题资源、生态资源和生成性资源过渡；一批整合教研发展和资源建设等功能的实业体相继出现……

上述这些先行事例，为数字中国优质教育和科研资源共建共享提供了很好的参照，或让我们可以“站在巨人肩头摘桃子”，或给我们以“举一反三”的启发。此情此景不免使人想到昔年“三国周良赤壁”时期曹家二少爷的“七步诗”，那区区二十个字流露出的是兄弟“相煎”的哀怨；而此时此刻省际催阵的紧锣密鼓，却令人陡添一腔豪情，涌出截然不同的二十字来：建网用网速，相催声声急，省际本兄弟，直追须急起！

当然，纵观上述已有的相关成果，我们不难发现，在意义探讨、现状调研、差异对比和提示问题上，仍然缺乏提出系统的理论框架；优质教育和科研资源发展中明显地存在数量不足、分布不均、更新不够、发展不快等问题；如何充分扩展优质教育和科研资源，最大限度地满足社会需求，已成为深化教育和科研改革的当务之急。而在国内教育领域，由于教育和科研体系间的差异，各省市之间、学校之间的教育和科研质量参差不齐，使“优质教育和科研资源”在全国范围内最大限度的实现共建共享成为当前的各省市教育和科研的重大挑战之一。

五、湖南信息化教育持续发展

信息，本义是表示速度的文字，当代被引申为电子技术所涉及的众多相关领域。

信息化教育则是对教育发展方向的一种描述，是指数字技术、信息技术、网络技术渗透到教育的各个方面。这是新时代最重要的教育革命。随着光纤传输技术、信息存储技术、数字摄影技术、云计算技术的飞速发展，信息化教育逐步从概念走向开发和应用，湖南在这方面高度重视信息化教育和信息化教育的建设工作，并有计划有步骤地掀起了建设高潮。尤其在这场全国教育信息化建设中还抢占了先机，席卷到了全省每个村小，率先进入了全国先例。早在 2010 年，湖南就提出了绿色教育，创新教育，数字教育和法治教育，其中建设“信息化教育”就是要以现代科学技术为基础，以数字教育为依托，以教育创新为手段，通过教育引导实施全省教育信息资源的有效整合，为实现全省教育的可持续发展提供智能化的平台。

(一) 湖南教育信息化突显的新问题

1. 信息化改变了教育环境

传统的校园、课堂等教育环境全都“退居二线”，转变为由网络架构、数字技术和智能设备所组成的新型教育环境。在新的教育环境中，全省的教育资源将得到最大程度的整合，形成了一个开放的教育平台，进而产生了新的教育教学规律。在信息化教育环境下，教育工作者不仅需要掌握基本的教育信息化工具，更需要用信息化的理念审视和指导教育教学过程中的各个环节。

2. 信息化改变了教育资源配置方式

在传统教育模式下，教育教学的完成必须依托于学校等实体，而在信息化的环境下，教育系统将不再局限于传统意义上的校园，而是由传统学校、网络学院、虚拟开放教育等共同构成；教师和学生不仅可以通过传统的面授方式获得知识，还可以借助计算机与网络，足不出户异地接受教育，分布于各地的教师学生可以同时在一个虚拟的教室中进行课程学习和讨论；网络学校将融入人们的生活。

3. 信息化推动教育改革创新

信息化的应用大大加快了教育改革创新步伐在教育教学过程中引入网络技术，能够有力促进教育系统的重新组合和社会教育资源的优化配置。近年来，作为主要的教育机构——学校，大力推进信息化进程，配备信息化装备，在教学、科研、教务管理、教学评价等方面取得显著成效，有力推动了教育改革与转型。

4. 信息化改变教育评价标准

随着信息化的发展，教师和学生的观点都发生了变化。信息化环境下的教育观更强调“怎么做”；同时改变了传统以知识拥有量和知识运用能力为判断标准的学生观，更加强调素质型的学生观。素质型的学生观注重学生的信息化能力、创新能力、协作能力及适应能力。在信息化时代，道德是学生的灵魂，体力和智力是学生的基础，信息和网络能力是学生的主要特点，而创新能力是学生培养的主要目的。

（二）湖南教育信息化的特点、目标和任务

笔者从有关文件中得知，湖南教育信息化概括地说，主要是四个特、四大目标、六项任务。

四个特点：

一是认识高。湖南省教育厅多次强调，推进信息化教育、建设数字教育，是“看得见摸得着”的重要抓手，是提升教育综合实力、教育质量、教育科研和现代化管理水平的重要支撑。把“信息化教育”作为湖南教育发展战略的重要内容。

二是基础牢。近年来，湖南教育信息化建设风生水起，大中专院校全部达到了一网通，中小学、有些幼儿园也开始运作，教育信息化建设亮点频现：信息化工程、数字化教育、网络化教育等新兴教态悄然崛起，走在全国前列，国家许多重大教育科研项目和教学研究项目及科技开发项目都落户湖南。

三是定位准。进入新时代期间，湖南高等院校充分利用现代计算机技术、遥感技术、GPS 技术、网络技术等，围绕构建基础框架、完善学校专题数据库、加快建设数字学校等重点工作全面提速，在建成数字学校教育、教学、科研、开发、人才培养、服务经济、服务社会等方面提供全方位优质高效的服务。

四是重点明。进入新时代期间，湖南教育主要围绕加快信息化教育基础设施，教育系统深度融合，教育设施智能化转型，教职工和学生服务信息化，新一代教育信息化技术产业发展，中小学、幼儿园信息化教育建设等任务。重点推进教育信息化信息服务平台建设，各级各类学校宽带普及与无线网络教育建设，云计算服务平台、“三网融合”建设与推广，加快和完善教育科研技术改造和智能化提升、惠教“一卡通”、智慧学校建设等重大工程。

四大目标：

进入新时代期间，湖南覆盖各级各类学校的新一代信息基础设施建成信息化与教育教学、教育科研、技术开发深度融合，教育科研信息产业成为先导性支柱产业，教育信息化发展水平总指数超过国家标准，“信息化湖南”基本建成，对湖南教育发展、经济发展和“两型社会”建设的支撑和推动作用明显增强。

第一大目标是新一代教育信息基础设施完备升级。建成全省统一的信息化教育服务体系、各级各类教育系统无缝覆盖的网络体系和先进适用的云计算服务平台。全省固定宽带接入各级各类学校，其中光纤接入所有大中专院校和中学，农村小学光纤网络连接到教学点。在全国率先实现“三网融合”。乡镇以上的学校有线广播电视网实现信息数字化，90% 实现双向化。

第二大目标是高等院校信息化教育产业实现跨越发展。成为先导性支柱产业。形成产业链、产业集群和龙头科技；实现教育信息技术成果和专利产业化；涌现一批新教态主体。

第三大目标是高等信息化教育与教育教学、教育科研、技术开发深度融合。高等信息化教育对经济转型升级的支撑促进作用明显增强，教育信息技术在企业研发设计、生产制造、产品流通、企业管理等业务环节得到广泛应用。

第四大目标是教育事业信息化水平显著提高。教育事业和教育服务各级各类教育系统信息化服务体系基本建成，逐步实现教育出行“一卡通”、教师、学生生活“一键通”、教学工作“一网通”、在线服务“一点通”。现代远程教育网络覆盖 100% 的学校，网上个人学习空间拥有率超过 90%，农村中小学基本实现远程互动和多媒体教学。

六项主要任务：

一是加快构建新一代教育信息基础设施，增强教育信息化发展支撑能力。

二是大力推动信息化和教育教学、教育科研、技术开发深度融合，构建现代“教育”体系。

三是积极推动教育设施智能化转型，提升教育发展保障能力。

四是着力推进教育领域基本服务信息化，提高教师和学生幸福指数。

五是加速培育新一代信息化教育技术产业，形成教育发展新的增长极。

六是全面统筹各级各类学校信息化建设，提升新型教育发展水平。

从湖南的情况看，信息化教育、信息化教学、信息化校园、信息化教育科研、信息化科研开发、信息化教职工队伍建设等是湖南教育信息化的主要表现形式。优质教育资源共建共享是信息化湖南的重点工程之一。这非常明确的点示：其一，湖南教育信息化是优质教育资源共建共享十分广阔的平台；其二，优质教育资源共建共享是湖南教育信息化十分重要的内容。

笔者认为，建设湖南教育信息化，就是要加快湖南教育信息化进程，尽快实现优质教育资源共建共享，按照建设教育强省的目标，建设新时代，重点是要实现湖南教育信息化。

（三）湖南实施教育信息化的举措

笔者认为，实现教育信息化要统筹城乡教育发展，以农村教育为重点，以深化改革为动力，以体制创新为突破口，采取重点倾斜的政策，这样才能逐步实现湖南教育信息化。湖南具体措施有以下几个方面：

一是加大投入。建立公共教育财政制度，农村义务教育投入以县财政拨款为主，重点在农村中小学危房改造、教学设施改善、农村教师待遇提高等方面加大投入。逐步在国家级、省级贫困县实行全免费的农村九年制义务教育，并对家庭贫困学生实行生活补贴。

投入信息化，用途信息化。

二是优化师资。建设高质量的农村师资队伍。全面实行教师资格制度和教师聘任制度，严禁不具备教师资格的人员从教。优化师资信息化，教师资格信息化。

三是资源共享。加快农村教育信息化建设，为农村学生提供灵活开放、超越时空限制的学习形式，实现优质教育资源共享，让农村学生享受到和城市学生接近的教学资源。

四是合理布局。适当加大城市中小学建设力度，重点解决城市务工者子女就学难的问题。公平城市名校资源，合理布局城市名校。取消重点中小学评比，撤销已评定的重点中小学。加强对名校招生收取"择校费"等违规行为的监管。加强对"名校办民校"的监管力度，从根源上解决以追求升学率为目标的办学模式。合理布局信息化，办学模式信息化。

五是"合格"战术。打破城乡二元结构和教育内部形成的教育资源分配不均形成的矛盾，坚持教育公益性，不搞重点校，不分三六九等。合理配置教育资源，重点向农村、边远、贫困、民族地区倾斜。"合格"战术信息化，合理配置信息化。

六是"择校"降温。湖南解决该问题的措施有：将县域内义务教育教师均衡配置确定为省级教育体制改革的试点项目，并在全省所有县市区全部启动；实行骨干教师均衡配置，引导骨干教师向农村学校和薄弱学校合理流动；实施城镇学校教师农村任（支）教服务期制度，引导教师到农村学校、薄弱学校任教。城镇中小学教师评聘中、高级教师职务应有农村学校。“降温”措施信息化，试点项目信息化。

七是政策倾斜。相关政策向薄弱学校倾斜，缩小校际教育差距。制定、更新义务教育基本办学标准和质量标准，推进义务教育学校标准化建设。向农村倾斜，缩小城乡教育差距。政策倾斜信息化，办学标准信息化。

八是改善硬件。大力改造义务教育阶段薄弱学校。实施中小学校舍安全工程，重点改善学校食宿条件、农村学校图书、教学仪器设备，提高农村初中巩固率。改善硬件信息化，安全工程信息化。

九是特殊关爱。给予困难人群特殊关爱，缩小群体差距。健全资助政策体系，不让一个孩子因家庭经济困难失学。坚持“两为主”政策，确保进城务工人员随迁子女接受义务教育。规范特殊教育的形式、机构、师资和教材等，使特殊教育进一步纳入法制化轨道。特殊关爱信息化，解困人群信息化。

蓝图已经描绘，目标已经明确，号角已经吹响，推进“信息化湖南教育”，实现优质教育资源共建共享，形势逼人，时不我待。湖南的当务之急，笔者认为，就是要进一步加强组织领导和统筹协调，制订好相关实施细则，加大资金投入力度，加强人才队伍建设，做好应用推广和政策宣传文章，优化“信息湖南教育”建设的发展环境，加快优质教育资源共建共享的步伐。如此，“坐地日行八万里，巡天遥看一千河”将不再是梦想，“敢为天下先”的湖南人也会在新一轮“信息化教育”赛跑中先声夺人，破茧成蝶，实现优质教育资源共建共享，创造新的辉煌。

参考文献

一、专著

[1] 吉登斯．现代性的后果 [M]．田禾，译．南京：译林出版社，2000．

[2] 张新平．教育组织范式论 [M]．南京：江苏教育出版社，2001．

[3] 丁钢．历史与现实之间：中国教育传统的理论探索 [M]．北京：教育科学出版社，2002．

[4] 张楚廷．大学教学学 [M]．长沙：湖南师范大学出版社，2002．

[5] 钟岩．中国新三级学人 [M]．杭州：浙江人民出版社，1996．

[6] 黄云龙．现代教育管理学 [M]．上海：复旦大学出版社，1993．

[7] 李君如．观念更新论 [M]．沈阳：辽宁教育出版社，1998．

[8] 王斌华．发展性教师评价制度 [M]．上海：华东师范大学出版社，1998．

[9] 蒋建洲．发展性教育评价制度的理论与实践研究 [M]．长沙：湖南师范大学出版社，2000．

[10] 霍益萍，查尔明，陈百尧．让教师走进研究性学习 [M]．南宁：广西教育出版社，2001．

[11] 嵇永宁，苗长广．研究性学习教师导读 [M]．南宁：广西教育出版社，2001．

[12] 张诗亚，周谊．震荡与变革——20 世纪的教育技术 [M]．济南：山东教育出版社，1995．

[13] 丁钢．创新：新世纪的教育使命 [M]．北京：教育科学出版社，2000．

[14] 阎德明．现代学校管理学 [M]．北京：人民教育出版社，1999．

[15] 吉尔福特．创造性才能 [M]．施良方，沈剑平，唐晓杰，译．北京：人民教育出版社，1991．

[16] 张武升．教育创新论 [M]．上海：上海教育出版社，2000．

[17] 布列钦卡．教育科学的基本概念：分析、批判和建议 [M]．胡劲松，译．上海：华东师范大学出版社，2001．

[18] 叶平．创新教育新论 [M]．上海：东方出版中心，2001．

[19] 刘先捍．素质教育导论 [M]．海口：南方出版社，1999．

二、期刊

[1] 刘霞．人才队伍建设四十年的历程与成就 [J]．中国人事科学，2019，(3)：55–63．

[2] 赵敏．新的教育技术与教育管理现代化 [J]．华南师范大学学报（社会科学版），1999，(4)．

[3] 胡小萍．教育管理现代化简论 [J]．教育学术月刊，1998，(6)．

[4] 张晓霞．教育管理现代化问题初探 [J]．云南师范大学学报（哲学社会科学版），1999，(1)：19–23．

[5] 朱旭东．关于教育现代化研究的几个问题 [J]．教育科学，2001，17(1)：1–3．

[6] 张振刚．论创新教育的实施 [J]．学位与研究生教育，2002，(2)：10–13．

[7] 言宏．从大数据出发 看如何改进教育教学 [J]．浙江教育技术，2017，(3)：20．

[8] 姜国钧．论教学的发展性 [J]．当代教育论坛，2017，(2)：17–20．

[9] 高卫红．翻转课堂：从教学模式的构建到大学教师角色的转化 [J]．当代教育论坛，2015，(3)：45–51．

[10] 杨忠君，李艾欣．大数据时代教师教育的新问题与新思考 [J]．长沙：当代教育科学，2016，(7)：39–41，54．

[11] 金晶，杨敏．教师的专业乐观：内涵、影响因素及提升路径 [J]．长沙：当代教育论坛，2017,（5）：74–79.

[12] 李云中．关于教育科研管理体制改革与创新的思考 [J]．湖南社会科学，2011,（6）：168–170.

[13] 杜亚丽．教育科研管理的特点及发展趋势 [J]．教育探索，2006,（3）：67–68.

[14] 程斯辉．关于教育科研管理若干问题的思考 [J]．教育理论与实践，2004,（13）：15–18.

[15] 刘文胜．现代学徒制与企业新型学徒制试点政策的对比 [J]．辽宁高职学报，2018，20（4）：27–29，43.

[16] 张建功，杨怡斐，黄丽娟．我国高校工科硕士研究生跨学科培养模式调查研究 [J]．高等工程教育研究，2016,（4）：195–200.

[17] 王茂祥．自主创新是企业的灵魂 [J]．企业改革与管理，2007,（4）：21.

[18] 樊燕飞．应用型高校校企协同育人模式构建研究 [J]．成都工业学院学报，2019，22（4）：84–88.

[19] 肖凤翔，邓小华．“中国制造 2025”与工科研究生教育发展的路径选择 [J]．研究生教育研究，2017,（4）：13–18.

[20] 王丽玫，谭永波，苑连霞，等．“新工科”背景下应用型院校师资队伍建设的路径 [J]．廊坊师范学院学报（自然科学版），2019，19（4）：94–95，99.

[21] 何国清．试论“双一流”背景下高校高层次人才队伍建设——以湖南省为例 [J]．当代教育理论与实践，2017，9（3）：83–86．

三、报纸

[1] 中共教育部党组．深入学习贯彻习近平总书记关于青年学生成才成长重要思想　大力培养中国特色社会主义建设者和接班人 [N]．光明日报，2017-09-08．

[2] 李亚杰，谭浩，赵超，等．让人才的活力竞相迸发——2003 年全国人才工作会议以来我国人才工作蓬勃发展纪实 [N]．光明日报，2010-05-25（11）．

[3] 孙敏坚，刘笑雪．牢记嘱托 勇当落实“三高四新”战略排头兵 [N]．湖南日报，2021-01-25（03）．

[4] 吕锡文．人才是经济社会发展的第一资源 [N]．人民日报，2010-06-09（15）．

[5] 禹爱华．坚持把发展经济着力点放在实体经济上 [N]．光明日报，2020-12-18（04）．

四、学位论文

[1] 霍晋琦．特色高校高层次人才队伍建设研究——以中国矿业大学为例 [D]．徐州：中国矿业大学，2015．

后　记

《新时代高校科研人才培养与创新》是根据我的湖南省教育科学“十四•五”规划课题《“三高四新”战略背景下湖南省普通高校专业结构优化研究》最终完成的成果。完成该课题和本书，有以下几个方面的动因。

第一，科研是高校的核心。没有科研的高校是没有前途的。高校的教职员工和学生都应该是科研人才。谈高校专业结构优化，科研人才结构如何优化，更值得我们研究。

第二，科研创新是高校专业结构优化的重点，更是现代化建设的需要。进入新时代，为中华民族的伟大复兴，不创新不行。高校科研是直接为中华民族伟大复兴服务的，创新开发的成果在各行各业闪耀着光芒，看得见、摸得着，强力的推动着社会的发展。没有第二个比它的功能高、作用大。

第三，高校是培养人才的首要基地，不搞科研、不出成果不是高校。怎样培养科研人才，是高校的首先任务。所以，高校专业结构优化不能不研究科研人才培养与创新。

正基于以上思考，作者才滋生了新时代高校科研人才培养与创新探究。

在研究中，我诚心感谢湖南省教育科学研究院党委、行政和各所室同行的大力支持，以及我省著名教育专家李三福、省教育科学研究院副院长陈拥贤、高等教育研究所所长段慧兰等教授对我的教诲和指导，没有他们的教诲和指导，我是很难完成这个任务的。

湖南省教育科学研究院高等教育研究所

胡黄

2023 年 1 月 8 日